NOSSA
VANTAGEM
INJUSTA

LIBERE O PODER
DO ESPÍRITO SANTO NO SEU NEGÓCIO

ELOGIOS PARA **NOSSA VANTAGEM *INJUSTA***

"Você pode esperar que sua vida profissional passe por uma transformação ao aplicar os ensinamentos do Dr. Jim sobre como participar com o Espírito Santo como uma Vantagem Injusta. "

—**L. HEYNE** Califórnia, EUA

"Você está abrindo o caminho para que muitos de nós entremos no poder do Espírito Santo que habita em nós e vivamos plenamente nossa missão de negócios. "

—**S. HEARTY** Emerald Isle, Irlanda

"Nunca encontrei um livro tão útil e prático sobre o Espírito Santo. Já sinto os efeitos deste livro. Com certeza recomendarei este livro amplamente. Obrigado por escrever esta mensagem tão necessária. Obrigado! "

—**A. HEAL** Austrália

"Seus insights me ajudaram a acelerar os resultados do meu negócio e a ter um impacto maior nas pessoas que eu sirvo, trazendo-me tanto realização pessoal quanto profissional. Aprecio como você mantém as coisas simples, mas profundas. "

—**M. TSOLO** África

"Como advogada, uso os princípios do seu livro *Nossa vantagem injusta* todas as manhãs antes de ir para o trabalho. Recentemente, coloquei seu livro em prática em um caso judicial, e houve sinais e milagres no trabalho na sala de conferências entre o tribunal e o escritório do promotor. Agora estou recomendando seu livro a todas as pessoas que vejo no trabalho. "

—**S. WILLIAMS** Arizona, EUA

"Este livro é um tesouro. É bem escrito, biblicamente sólido, fácil de ler. Os exercícios e as perguntas para discussão em grupo são muito valiosos."

—**C. LUTZ** Zurique, Suíça

"*Nossa vantagem injusta* oferece um renascimento inovador de uma verdade inabalável—ser guiado pelo Espírito."

—**S. SATTERFIELD** Geórgia, EUA

"Neste livro excepcional, Dr. Jim nos ensina que Deus oferece aos cristãos do mercado mais do que um conjunto de regras de princípios empresariais atemporais. Ele me ajudou a ceder mais controle do meu negócio ao Espírito Santo, *Nossa vantagem injusta,* no mercado."

—**D. SHEARER** Carolina do Norte, EUA

NOSSA
VANTAGEM
INJUSTA

LIBERE O PODER
DO ESPÍRITO SANTO NO SEU NEGÓCIO

DR. JIM HARRIS

Nossa vantagem injusta: Libere o poder do Espírito Santo no seu negócio por Dr. Jim Harris traduzido por Giovanni Bevilacqua

Impresso nos Estados Unidos da América

ISBN: 978-1-962802-19-2
© 2015 & 2024 por Dr. Jim Harris

Este livro foi inspirado pelo Espírito Santo como uma ferramenta para ajudar os empresários a aprender a ouvir a voz de Deus. É uma semente para compartilhar com o mundo. Portanto, damos a você total permissão para compartilhar trechos e ensinamentos deste livro da maneira que desejar. Pois, à medida que essas lições forem espalhadas sobre boa terra, Jesus colherá uma grande colheita para Seu Reino em todo o mundo.

Os títulos da High Bridge Books podem ser adquiridos em grandes quantidades para uso educacional, comercial, de arrecadação de fundos ou promocional. Para mais informações, entre em contato com a High Bridge Books através do site www.HighBridgeBooks.com/contact.

Todas as definições são retiradas do aplicativo digital da Merriam-Webster, Incorporated Copyright © 2015.

A menos que indicado de outra forma, as citações das escrituras são retiradas da Bíblia King James Atualizada via The Bible Study App para Mac Versão 5.4.3 (5.4.3.1) Copyright © 1998-2013 Olive Tree Bible Software.

As citações das escrituras marcadas como ESV são retiradas da The ESV® Bible (The Holy Bible, English Standard Version®), © 2001 pela Crossway, um ministério de publicação da Good News Publishers. Usado com permissão. Todos os direitos reservados.

Design da capa por High Bridge Books

Publicado em Houston, Texas, por High Bridge Books

Contents

Introdução _____ 1

1. O que te guia? _____ 3
2. A Grande Mudança _____ 17
3. Obstáculos _____ 31
4. Como se preparar _____ 45
5. Libere sua Vantagem Injusta _____ 73
6. Continue _____ 131

A resposta para 1001 perguntas _____ 147
Versos Chave _____ 149
Um convite _____ 155

AGRADECIMENTOS

PRIMEIRAMENTE, AGRADEÇO A DEUS, MEU SALVADOR JESUS, E AO Espírito Santo por me guiarem na escrita deste livro. Meu único desejo é registrar fielmente Suas palavras e ser Sua caneta. Que este livro seja agradável a Ti.

À minha esposa e parceira eterna, Brenda, que se tornou uma guerreira espiritual imparável. Sem você e seu apoio incessante, eu não poderia cumprir meu chamado do Senhor. Segurarei orgulhosamente sua mão até o céu!

Um agradecimento especial ao meu bom amigo e irmão espiritual, Kyle Winkler, cujo espírito calmo, profundo conhecimento e testemunho consistente me guiaram, ensinaram e encorajaram por muitos anos.

Um grande agradecimento aos Pastores Arnie McCall, Buford Lipscomb, e Rick e Jennifer Curry pelo seu mentoreamento espiritual e orientação durante provações severas, crescimento espiritual acelerado e encontros gloriosos com o Espírito Santo.

Agradeço também aos meus mentores espirituais e irmãos próximos em Cristo — Ben Watts, Tony Chavez e Steve Jones.

Obrigado, Darren Shearer da High Bridge Books, pelo seu fenomenal trabalho de edição, publicação e marketing de livros. Você é realmente o melhor!

Finalmente, um agradecimento muito especial ao Pastor Keith Moore da Faith Life Church localizada em Branson, Missouri, e Sarasota, Flórida. Em apenas dois anos, sua série de sermões e o ministério Word Life Supply aumentaram minha fé exponencialmente além de tudo o que aprendi nos meus 60 anos anteriores de igreja. Muito deste livro me foi revelado através da aplicação dos seus ensinamentos. Sou eternamente grato a você e ao seu ministério.

*Para aqueles que desejam profundamente
Glorificar a Deus em seus negócios.*

Introdução

SE VOCÊ TRABALHA EM UMA EMPRESA COM FINS LUCRATIVOS A qual a liderança deseja glorificar a Deus em seus negócios, este livro é para você!

O público-alvo deste livro é o que eu chamo de 2%. Um 2% é um crente guiado pelo Espírito Santo nos negócios, qualquer homem ou mulher que realmente deseja ser guiado pelo Espírito de Deus em tudo o que faz nos negócios.

Como um 2%, você tem à sua disposição uma vantagem competitiva injusta, ilimitada, incrível e empolgante no seu mercado que, até agora, provavelmente tem sido subutilizada.

O propósito deste livro é ajudá-lo a desvendar e liberar sua vantagem competitiva injusta nos negócios para a glória de Deus!

O músico Keith Green disse uma vez

> Se alguém escreve uma grande história, as pessoas elogiam o autor, não a caneta. As pessoas não dizem: 'Oh, que caneta incrível... onde posso conseguir uma caneta como essa para que eu possa escrever grandes histórias?' Bem, eu sou apenas uma caneta nas mãos do Senhor. Ele é o autor. Todos os elogios devem ir para ele.

Assim como o Keith eu sou apenas uma caneta.

Qualquer impacto que este livro tenha na sua vida, dê ao Senhor toda a glória!

—Dr. Jim

1

O QUE TE GUIA?

E se vos parece mal servir ao Senhor, escolhei hoje a quem haveis de servir: se os deuses a quem serviram vossos pais, que estavam além do rio, ou os deuses dos amorreus, em cuja terra habitais. Porém eu e a minha casa serviremos ao Senhor.

—Josué 24:15

TODOS NÓS ESTAMOS TODOS GUIADOS POR ALGO. QUER ISSO SEJA óbvio para você ou não, neste exato momento você está sendo guiado por algo. Algo está no comando do seu navio, direcionando seu caminho e, em última análise, impactando sua vida.

Na infância, seus pais ou responsáveis provavelmente foram aqueles que cuidaram de você, deram-lhe abrigo e roupas, e ensinaram o que era aceitável e esperado. Eles protegeram você, nutriram você e, às vezes, até mimaram você. Foram eles que principalmente o guiaram nos seus primeiros anos formativos.

Ao começar a frequentar a escola, rapidamente aprendeu que mais pessoas agora estavam envolvidas em guiá-lo. Você foi forçado a aprender verdades novas e, às vezes, desconfortáveis sobre como conviver com outras pessoas fora de sua família imediata e vizinhança.

Essa influência externa continuou a crescer à medida que você entrou no ensino médio e, talvez, na faculdade. Você estava sendo guiado por muitas vozes que lhe enviavam sinais mistos e aplicavam diversos níveis de pressão para influenciar seu comportamento.

Antes que percebesse, foi lançado no "mundo real" onde dezenas de vozes desejavam guiá-lo ... de chefes, noivos, cônjuges, clientes, profissionais de marketing e muitos outros.

O ponto é: você e eu somos guiados por algo. E seja qual for a sua decisão sobre o que seguir, isso tem um impacto profundo — se não permanente — na sua vida, incluindo sua vida empresarial.

Como proprietário deste livro, é provável que você seja um líder em seu negócio. Esteja você no topo, no meio ou apenas começando, você influencia os outros. Portanto, você tem impacto e potencial de liderança significativos.

O QUE UM LÍDER FAZ

Desde a primeira edição do livro (17/06/15), Amazon.com listou...

- 4.303.934 resultados para "livros de negócios"
- 178.180 resultados para "livros de liderança"
- 25.511 resultados para "liderança de negócios"
- 744 novos lançamentos em "Ultimos 90 dias" e 180 "Em breve"

Eu garanto que a maioria desses livros—98% ou mais—compartilham as cinco, sete, dez ou até 21 qualidades, habilidades ou competências críticas de alguém sobre como um líder deve liderar os outros. Eles compartilham seus segredos de melhores práticas que você pode usar para se tornar um líder como eles.

Nos últimos 30 anos, eu li milhares de livros e artigos sobre liderança. Ao examinar minha biblioteca em busca dos melhores dos melhores, refletindo sobre seu conteúdo e pontos-chave, muitos soam e parecem exatamente iguais. A maioria deles está repleta exatamente das mesmas ideias e conceitos, apenas apresentados de maneiras ligeiramente diferentes.

Devo até mencionar o número de blogs, tweets e posts diários que nos dizem o que um grande líder faz? Acho que acabei de mencionar.

Simplesmente somos sobrecarregados com o que os outros dizem, pensam ou proclamam ser o caminho para ser o líder que todos precisam hoje.

Esses trabalhos frequentemente interessantes e ocasionalmente profundos focam em uma questão crítica: O que um líder faz?

Essa é exatamente a pergunta errada. O que um líder faz (seu comportamento, estilo de comunicação, capacidade de tomada de decisão, etc.) não é o elemento mais crítico que você precisa saber. Há uma pergunta muito mais profunda e necessária que ninguém está fazendo.

A Pergunta Correta

Enquanto examino todos os escritos e ensinamentos disponíveis sobre liderança, não consigo encontrar nenhum que aborde diretamente a pergunta certa.

A resposta à pergunta certa inevitavelmente determina o destino não apenas do líder, mas também de todos que ele lidera.

A pergunta correta: O que guia o líder?

Vamos ficar pessoais. Você já ...

- Já pensou sobre o que faz de você o líder que é?
- Já parou para avaliar em que você se baseia em sua liderança?
- Já refletiu por tempo suficiente sobre o que realmente te guia como empresário?

Aquilo que te guia, no final, é refletido na sua liderança e no seu papel nos negócios.

O que te guia está no núcleo fundamental da sua capacidade de trabalhar, ter sucesso e deixar um legado.

Correndo o risco de parecer sensacionalista ou de soar um alarme desnecessário, você deve perguntar e decidir: No final, o que te guia? Somente então você poderá tomar a decisão correta de continuar nesse caminho ou em uma base potencialmente mais empolgante e profunda para sua liderança.

Antes de pedir que você faça um movimento de liderança potencialmente radical e transformador, vamos examinar algumas das maneiras mais comuns pelas quais os líderes são guiados.

1.1. NOVE MANEIRAS COMUNS PELAS QUAIS OS LÍDERES DE NEGÓCIOS SÃO GUIADOS

Seria fácil listar 100 ou mais maneiras pelas quais os líderes de negócios são guiados, mas geralmente elas se enquadram em uma das seguintes categorias.

Aqui está o que eu chamo de lista "O Que Te Guia". Ela é composta pelos tipos mais proeminentes de liderança que tenho observado ao longo dos meus mais de 30 anos no mundo dos negócios.

Note: Durante a escrita deste livro, pedi aos leitores do meu blog que comentassem sobre expressões que ouviram líderes dizerem que refletem cada categoria. Incluí apenas alguns dos comentários. Cada comentarista receberá uma cópia gratuita do livro. Veja... vale a pena se inscrever na minha newsletter e se associar a mim em www.DrJimHarris.com.

1: Guiado pela cabeça

Líderes guiados pela cabeça usam seu cérebro para analisar tudo. Eles buscam mais conhecimento, informações, relatórios e análises.

Eles confiam na lógica e em planilhas para tomar suas decisões finais. Líderes guiados pela cabeça frequentemente se encontram dependendo excessivamente de sua habilidade de analisar e pensar criticamente como seu estilo principal de abordagem.

Líderes de negócios guiados pela cabeça costumam dizer coisas como...

- "Essa é uma ótima ideia. Vamos fazer isso."
- "Vamos rodar mais um relatório."
- "Os números não mentem. O que os números dizem?"
- "Por que não pensei nisso antes?"
- "Gosto da sua forma de pensar."
- "Mostre-me os números. Tomamos decisões com base no conhecimento, não no palpite." (Curt Fowler, comentarista de blog)

2: Guiado pelo dinheiro

Líderes guiados pelo dinheiro focam na quantidade de dinheiro a ser ganha ou perdida. Os mercados financeiros globais são totalmente guiados pelo dinheiro. Ganhar dinheiro é uma necessidade absoluta em negócios com fins lucrativos. No entanto, líderes guiados pelo dinheiro permitem que o fluxo de caixa, o lucro e as margens sejam os fatores predominantes em quase todas as decisões empresariais.

Líderes empresariais guiados pelo dinheiro dizem coisas como...

- "Vamos ganhar muito dinheiro com isso."
- "Adoro essas margens de lucro."

- "Como podemos cortar mais custos?"
- "Não me importo com a qualidade dos ganhos. Números são números, e eu quero fazer os meus."
 (Sidney Bostian, comentarista do blog)

3: Guiado pela Inovação

Líderes orientados pela inovação estão sempre em busca das mais recentes plataformas tecnológicas, digitais ou criativas para expandir o negócio. Eles ficam encantados, até animados, com as últimas atualizações, aplicativos, softwares, sites, técnicas de marketing ou conceitos únicos. Embora melhorias sejam obviamente necessárias para qualquer negócio sustentável, os líderes orientados pela inovação frequentemente promovem qualquer coisa que seja considerada "a novidade".

Líderes de negócios orientados pela inovação dizem coisas como...

- O que o Elon Musk faria?"
- "Precisamos atualizar agora, senão perderemos participação de mercado, fidelidade dos clientes e...!
- "Inovar ou morrer!"
- "Às vezes, precisamos guiar nossos clientes para onde eles precisam ir."
- "Isso vai ser incrível!"
- "O que há de novo e empolgante nisso?" (Jason Pyne, comentarista do blog)

4: Guiado pela Oportunidade

Líderes orientados por oportunidades pulam entusiasticamente em qualquer porta aberta à sua frente. Eles focam na próxima grande oportunidade, aliança estratégica ou chance inesperada de negócio que possa levar sua empresa a um nível superior.

Líderes de negócios orientados por oportunidades dizem coisas como:

- "Melhor aproveitarmos isso enquanto podemos."
- "Não podemos deixar essa oportunidade escapar."
- "Uau! Que porta aberta! Vamos lá!"
- "Claro, essa oportunidade está um pouco fora da visão da nossa empresa, mas acredito que valerá o esforço." (Curt Fowler, comentarista do blog)
- "Quanto mais jogarmos na parede, mais vai grudar." (Sharon Kendrew, comentarista do blog)
- "Eu sei que se eu apenas seguir em frente... vai acontecer!" (Jesus Estrada, comentarista do blog)

5: Guiado pelo Preço

Líderes orientados pelo preço são parentes próximos dos líderes orientados pelo dinheiro, com uma pequena diferença. Ao invés de focarem principalmente em quanto dinheiro podem ganhar, os líderes orientados pelo preço buscam sempre pagar o menor preço possível.

Líderes de negócios orientados pelo preço dizem coisas como:

- "Você precisa realmente afiar seu lápis nisso."
- "Esta é a melhor opção porque eles são os mais baratos." (Darren Shearer, comentarista do blog)
- "Ei, qualquer venda é uma boa venda." (Aric Johnson, comentarista do blog)

- "Tudo é negociável." (Howard Drake, comentarista do blog)
- "Queremos barato e bom!" (Angeline Teoh, comentarista do blog)

6: Guiado por Especialistas

Um líder orientado por especialistas é facilmente influenciado pela última moda em gestão ou liderança, sempre buscando o novo e grande conceito de um palestrante, autor ou consultor. Líderes orientados por especialistas frequentemente implementam rapidamente o "novo" conceito de negócio sem tomar o tempo para avaliar como — ou até mesmo se — deveria ser usado em seu negócio.

Sim, incluir este tipo me afeta um pouco porque eu falo, escrevo e treino profissionais de negócios ao redor do mundo. No entanto, eu NÃO quero que meus parceiros de negócios sejam "orientados por especialistas", nem mesmo por mim!

Líderes orientados por especialistas dizem coisas como:

- "Uma revista de negócios teve um artigo em destaque que diz que deveríamos..."
- "Aqui está uma ótima ideia da conferência de negócios... Vamos fazer isso!"
- "Nossos concorrentes estão lendo este novo livro. Aqui está o seu exemplar. Vamos acompanhar eles."
- "Toda a indústria está fazendo isso."
- "Vamos encontrar o melhor especialista no campo e trazê-lo aqui."
- "Segundo [inserir o nome de um especialista em negócios], não deveríamos fazer isso também?" (Jason Pyne, comentarista do blog)

7: Guiado por Pressão

Líderes orientados por pressão afirmam trabalhar melhor em situações de emergência ou crise. Mesmo que o trabalho esteja indo bem, eles querem criar condições de crise desnecessárias para colocar mais pressão em todos para fazer mais e trabalhar mais duro. Líderes orientados por pressão colocam inadvertidamente pressões desnecessárias e irrelevantes sobre os outros.

Líderes de negócios orientados por pressão dizem coisas como:

- "Precisamos fazer isso AGORA! Sem desculpas!"
- "Tempo é dinheiro, e não podemos desperdiçar mais tempo."
- "Falhar não é uma opção."
- "Não me importa como faremos, mas temos que fazer isso agora!" (Jason Pyne, comentarista do blog)
- "Acelere ao máximo!" (Robins Duncan, comentarista do blog)
- "Devemos trabalhar duro e concluir isso. Podemos dormir depois que terminarmos." (Aric Johnson, comentarista do blog)

8: Guiado por sentimentos

Líderes orientados por sentimentos constantemente avaliam seus sentimentos e emoções antes de tomar uma decisão. Esses líderes são profundamente influenciados e frequentemente sobrecarregados por sentimentos de medo, ansiedade, excitação, conforto ou segurança nos negócios. Líderes orientados por sentimentos não são fracos; às vezes permitem que seus sentimentos e emoções sobreponham sua expertise e sabedoria empresarial.

Líderes orientados por sentimentos frequentemente dizem coisas como:

- "Estou com medo disso."
- "Não estou com o coração nisso."
- "Isso vai doer."
- "Uau, nunca estive tão animado com algo."
- "Isso realmente me faz feliz!"
- "É melhor prevenir do que remediar!" (Robins Duncan, comentarista do blog)

9: Guiado por Orgulho

Líderes conduzidos pelo orgulho veem a si mesmos e suas empresas como especiais, diferentes e únicas. Eles se levam muito a sério e levam tudo o que fazem muito a sério. Líderes conduzidos pelo orgulho frequentemente são muito arrogantes e autojustificados, recusando-se a ceder a qualquer pessoa ou grupo, mesmo quando estão errados.

Líderes de negócios conduzidos pelo orgulho frequentemente dizem coisas como:

- "Não precisamos fazer isso. Somos diferentes."
- "Eles podem tentar isso. Não precisamos."
- "Nós sabemos o que está acontecendo no campo. Você fica aqui no escritório e continue trabalhando."
- "Faça do nosso jeito."
- "É do meu jeito ou o caminho da rua." (Howard Drake, comentarista do blog)

Checagem de Honestidade.

Ao ler essas descrições, tenho certeza de que você rapidamente identificou outras pessoas que se encaixam em um ou mais desses tipos. A pergunta mais importante é: "Onde você se vê?"

Aqui está sua primeira tarefa do livro. Marque as caixas que poderiam descrever o que guia você.

- ☐ Guiado pela Cabeça
- ☐ Guiado pelo Dinheiro
- ☐ Guiado pela Inovação
- ☐ Guiado pela Oprtunidade
- ☐ Guiado pelo Preço
- ☐ Guiado por Especialistas
- ☐ Guiado por Pressão
- ☐ Guiado por Sentimentos
- ☐ Guiado pelo Orgulho

1.2. A REALIDADE ATERRORIZANTE

Em algum momento ou outro, uma ou mais das coisas da lista "O Que Te Guia" nos guiaram. Francamente, a maioria de nós é uma combinação de várias dessas coisas na maior parte do tempo.

Agora, por favor, considere isto.

Cada uma das nove categorias de "O Que Te Guia" é exatamente como 95% ou mais de todas as empresas com fins lucrativos ao redor do mundo são guiadas!

Não passe por cima disso rapidamente. Apenas reserve mais um momento e reflita sobre esta afirmação.

Essas nove categorias são exemplos simples de como a maioria das empresas globalmente está sendo liderada — mesmo aquelas cujos líderes afirmam ser cristãos nos negócios!

Em uma palavra, os líderes de negócios de hoje são guiados pelo "O Que". Para eles, tudo se resume à ideia, dinheiro, oportunidade, inovação, preço, ideias de especialistas, etc. Essas categorias são aquelas sobre as quais os empresários tomam suas decisões, constroem seus negócios e, em última análise, alcançam seus objetivos.

Infelizmente, a maioria de nós como "2%os" (crentes guiados pelo Espírito Santo nos negócios) não é diferente!

É muito provável que sejamos guiados pelas mesmas coisas exatas que nossos concorrentes seculares e não-crentes. Por quê?

As formas de negócios do mundo são tão prevalentes, abrangentes e substanciais que é quase impossível não sermos guiados por elas.

Temos acesso igual a todas as mesmas ideias de negócios, livros, análises e informações de mercado controladas pelo sistema mundial que nossos concorrentes. Portanto, somos tão vulneráveis quanto eles à tentação avassaladora de liderar nossas empresas da mesma maneira.

Agora, aqui está a realidade assustadora.

Se você é guiado pelos caminhos do mundo dos negócios, não possui vantagem competitiva sobre seus concorrentes!

Se você confia apenas nas nove maneiras que listei acima, está perdendo a única coisa que pode liberar sua vantagem competitiva injusta nos negócios.

Eu posso ouvir você perguntando, "Então, Dr. Jim... você está me dizendo que eu não devo usar minha cabeça ou olhar oportunidades ou pensar nos aspectos financeiros do meu trabalho? É isso que você está dizendo?"

Não, não, não, não! Novamente... não!

Deus lhe deu um cérebro e uma mente sã. Ele deu a você para que você possa raciocinar, pensar, planejar e crescer. Ele lhe deu sentimentos para construir sua sensibilidade com os outros. Ele espera que você os use.

O que estou desafiando ousadamente você a fazer é dar um grande passo, um passo em direção a liberar totalmente sua vantagem competitiva injusta nos negócios?

Porque ela é baseada em uma e apenas uma coisa: de você ser guiado pelo Que...

> Não ame o mundo nem o que nele há. Se alguém ama o mundo, o amor do Pai não está nele. Pois tudo o que há no mundo — a cobiça da carne, a cobiça dos olhos e a arrogância da vida — não vem do Pai, mas do mundo." (1 João 2:15-16)

...para ser guiado pelo Quem!

> Pois todos os que são guiados pelo Espírito de Deus são filhos de Deus. (Romanos 8:14)

Guia de Estudo do capítulo 1

Quais são as três principais maneiras pelas quais você mais frequentemente é guiado em seu negócio?

1.

2.

3.

Você já pensou em ser guiado pelo Espírito Santo nos negócios como uma "vantagem competitiva injusta"? Por que isso seria uma grande vantagem para você e seu negócio?

Ore sobre sua lista e peça a Deus para ajudá-lo a reconhecer quando você começar a ser guiado por algo que não seja o Espírito Santo.

2

A Grande Mudança

"E eu rogarei ao Pai, e ele vos dará outro Consolador, para que fique convosco para sempre, o Espírito de verdade, que o mundo não pode receber, porque não o vê nem o conhece; mas vós o conheceis, porque habita convosco, e estará em vós."

—João 14:16–17

PARA TORNE-SE UM 2% (CRENTE NO ESPÍRITO SANTO NOS negócios), você precisa fazer uma grande mudança!

É uma grande mudança - uma MUDANÇA ENORME - de ser conduzido pelo que é do mundo dos negócios para ser conduzido pelo Espírito de Deus.

Eu sei que é. Eu tive que fazer essa mesma grande mudança eu mesmo. Foi uma transformação monumental para mim passar de ser conduzido pela cabeça, pelo dinheiro, pela inovação, pela oportunidade, pelo preço, pela pressão, pelos sentimentos e pelo orgulho, para ser totalmente e apenas conduzido pelo Espírito.

É uma mudança que o mundo (líderes de negócios não-crentes) não compreende, não porque eles sejam incapazes, mas simplesmente porque eles não são crentes em Jesus. Eles não podem receber a potencial vantagem competitiva injusta porque o Espírito de Deus não está neles.

Ao começar a grande mudança, é importante revisar as duas maneiras mais fundamentais pelas quais Deus o conduz.

> Está escrito: "Não só de pão viverá o homem, mas de toda palavra que sai da boca de Deus." (Mateus 4:4))

> Aquele que atenta para a palavra prosperará. (Provérbios 16:20)

A primeira maneira como Deus o guia é através de Sua Palavra. Sua Palavra perfeita e infalível ensina, inspira, convence, encoraja, corrige e muito mais.

Tudo começa com a Palavra de Deus.

> "Pois todos os que são guiados pelo Espírito de Deus são filhos de Deus... O Espírito mesmo **testifica com** o nosso espírito que somos filhos de Deus." (Romanos 8:14, 16, ênfase adicionada)

A segunda maneira fundamental como Deus o guia é através do Seu Espírito Santo. Este trecho merece seu estudo considerável e profundo, muito além da duração e intenção deste livro.

No entanto, é importante mergulhar rapidamente em uma frase chave dentro de Romanos 8:16: "O Espírito mesmo testifica com o nosso espírito..." Voltaremos a esta frase muitas vezes ao longo do restante do livro. Aqui está porque ela é tão crucial para a grande mudança.

Quando você aceitou Jesus e nasceu de novo, seu espírito morto desde o nascimento renasceu. Agora, você tem tanto seu espírito renascido quanto o Espírito Santo de Deus vivendo dentro de você. Seu espírito, portanto, testemunha com o Espírito Santo dentro de você.

"Testemunha com" significa literalmente que temos um co-testemunho vivendo dentro de nós, a presença de Deus a quem podemos invocar, buscar, perguntar, indagar e ser guiados a qualquer momento ... em qualquer lugar.

Podemos concordar com um fato criticamente importante? Isso é ... quando você recebe o Espírito Santo, Ele é muito mais do que apenas um "passe livre do inferno". Infelizmente, milhões de crentes - muitos dos quais estão no mundo dos negócios hoje - pensam que tudo o que Deus quer para nós é apenas nos salvar do inferno.

Mesmo com centenas de listas maravilhosas, artigos e estudos bíblicos disponíveis em igrejas, livrarias e na internet que exploram as muitas maneiras como o Espírito Santo ensina, guia, fala, protege e trabalha através de nós, muito poucos crentes são ensinados além do Espírito Santo sendo o seu bilhete de ida para o céu.

Ainda menos de nós foram ensinados, treinados ou encorajados sobre como ser mais guiados pelo Espírito em nossos negócios e vidas profissionais.

No entanto, o Espírito está pronto, disposto e capaz de ser seu co-testemunho em todos os aspectos de sua vida profissional.

2.1. É POSSÍVEL?

> *A ele o porteiro abre, e as ovelhas ouvem a sua voz; ele chama as suas próprias ovelhas pelo nome e as conduz para fora. E quando ele tira as suas ovelhas, ele vai adiante delas; e as ovelhas o seguem, porque conhecem a sua voz.*
>
> —João 10:3-4

Economia global. Clientes exigentes. Pressão incessante para fazer mais, ganhar mais e reduzir custos.

É possível ser guiado pelo Espírito Santo no mundo dos negócios global de hoje?

A resposta é um sonoro SIM!

É mais do que possível; está bem ao seu alcance.

Toda a Bíblia transborda com histórias de homens e mulheres que foram guiados pelo Espírito. O Espírito falou e guiou...

- Abraão para se preparar para se mudar,
- Moisés de uma sarça para se preparar para liderar o povo para fora do Egito,
- Josué para conquistar a Terra Prometida,
- Neemias para reconstruir os muros de Jerusalém em tempo recorde,
- Ester para se aproximar corajosamente do rei, arriscando sua vida no processo,
- Rute para se apegar ao Deus de Noemi e abandonar sua família,
- Davi para derrotar Golias e se tornar um grande rei de Israel,
- Salomão para liderar os israelitas com sabedoria,
- Elias para derrotar os falsos profetas de Baal,
- Eliseu para pedir ousadamente uma porção dobrada do espírito de Elias,
- Jonas para pregar a palavra e redimir uma terra hostil,
- José e Maria para se casarem e dar à luz o Filho de Deus concebido fora do casamento,
- Simeão e Ana para estar no templo exatamente na hora em que José apresentou Jesus,
- Lucas para escrever o Evangelho que leva seu nome,
- Pedro para pregar o primeiro sermão registrado no Novo Testamento, salvando mais de 3.000 almas,
- Ananias para ir a Saulo, o inimigo dos santos em Jerusalém,
- Paulo... em praticamente tudo que ele fez,

- João para escrever o Apocalipse,
- …e muitos mais!

Estes são apenas alguns das centenas de exemplos bíblicos de homens e mulheres guiados pelo Espírito de Deus.

Até o Filho de Deus disse,

> Em verdade, em verdade vos digo que o Filho nada pode fazer de si mesmo, mas o que ele vê o Pai fazer; porque tudo o que ele faz, o Filho também faz da mesma maneira. (João 5:19)

Francamente, como um 2%er, você não é diferente. Você tem o mesmo Espírito vivendo dentro de você.

É possível ser guiado pelo Espírito Santo nos negócios hoje?

Oh, sim. Só leva um grão de mostarda de fé (Mateus 17:20) para fazer a grande mudança!

2.2. POR QUE MUDAR PARA O QUEM?

Aqui estão 6 razões ponderosas para ire m frente e fazer a grande mudança.

1: O Espírito conhece a mente de Deus.

> *Mas, como está escrito: "Olho nenhum viu, ouvido nenhum ouviu, e mente nenhuma imaginou o que Deus preparou para aqueles que o amam. " Mas Deus nos revelou essas coisas por meio do Espírito, pois o Espírito sonda todas as coisas, até mesmo as profundezas de Deus. Pois quem conhece os pensamentos do homem, a não ser o espírito do homem que nele está? Da mesma forma, ninguém conhece os pensamentos de Deus, exceto o Espírito de Deus.*
>
> —1 Coríntios 2:9–11

Muitos de nós acham maravilhoso participar de conferências para ouvir um CEO mundialmente famoso ou especialistas em negócios. Pode ser uma grande experiência sentar-se sob a instrução de um líder bem-sucedido e aproveitar sua sabedoria e experiência. Não há nada de errado em ouvir qualquer especialista em negócios. Minha precaução para você é sempre filtrar tudo o que eles dizem através da Palavra de Deus e do testemunho do Espírito Santo que vive dentro de você (mais sobre isso depois).

Em vez de buscar um especialista humano ao seu lado para uma solução para cada situação de negócio, desafio, obstáculo, oportunidade ou decisão que você enfrenta, quanto melhor é buscar o Espírito de Deus que está dentro de você?

Uau! Não há comparação entre essas duas opções.

Que sempre busquemos primeiro a sabedoria de Deus, pois Ele deseja que eu conduza meu negócio acima das ideias de qualquer pessoa - todas as vezes!

2: O Espírito Santo nos concede livremente a sabedoria de Deus para nossos negócios.

> *Agora recebemos não o espírito do mundo, mas o Espírito que vem de Deus, para que possamos conhecer o que por Deus nos foi dado gratuitamente.*
>
> —1 Coríntios 2:12

Deus já revelou ao Espírito Santo toda a Sua sabedoria e planos para você e seu negócio, mesmo aquelas coisas que você não consegue entender por si só. O Espírito Santo pode revelá-las a você conforme Ele desejar e conforme você pedir.

Ainda mais, o conselho do Espírito Santo é totalmente gratuito! Seu conselho já habita dentro de você e testifica com seu espírito. Tudo o que você precisa fazer é pedir. (Muito mais sobre como fazer isso mais tarde neste livro.)

3: O Espírito Santo conhece toda a verdade.

No entanto, quando Ele, o Espírito da verdade, vier, Ele os guiará em toda a verdade; pois Ele não falará por Si mesmo, mas tudo o que Ele ouvir, Ele falará.

—João 16:13a

Como um 2%or, você já tem dentro de si o consultor mais poderoso que este universo jamais conhecerá. Você pode ser guiado pela Sua verdade para o seu negócio, seus funcionários e colegas, seus fornecedores e clientes, os membros da sua comunidade... qualquer pessoa com quem seu negócio tenha contato.

O Espírito Santo nunca mente, nunca engana, nunca subestima e nunca deixa de perceber qualquer coisa que você precise saber. Ainda mais, ser guiado pelo Espírito Santo para a verdade o libertará (João 8:32) para se tornar tudo o que Deus deseja para o seu negócio.

4: O Espírito Santo conhece o future do seu negócio.

... e Ele lhes revelará as coisas que estão por vir.

—João 16:13b

O que João acabou de dizer? O Espírito Santo me dirá "coisas por vir"?

Imagine ter um consultor disponível para você o dia todo, todos os dias, que já sabe tudo o que você está prestes a enfrentar em seu negócio hoje, amanhã e para sempre.

Uau!

Isso não significa que o Espírito Santo enviará mensagens de texto ou e-mails todas as manhãs com tudo o que você precisa saber ou fazer. No entanto, Ele, no momento perfeito, guiará e conduzirá você passo a passo no caminho que você precisa seguir para cumprir Seu propósito para o seu negócio.

Às vezes, as instruções de Deus através do Espírito Santo não fazem sentido lógico, como:

- Sacrificar seu filho na montanha (Gênesis 22:9)
- Dar uma volta na cidade durante sete dias, tocando as trombetas, e então os muros cairão (Josué 6:3–4)
- Mergulhar sete vezes no rio lamacento para ser purificado da lepra (2 Reis 5:10)
- Esfregar saliva e lama nos olhos para voltar a enxergar (Marcos 8:23)

Em muitos casos, o que o Espírito Santo mandou fazer não fazia sentido. No entanto, aqueles que estavam dispostos a seguir o Espírito sempre triunfaram, sempre venceram e sempre foram abençoados.

5: O Espírito Santo leva você à abundância.

> *Bendito será o fruto do seu ventre, o fruto da sua terra, e o aumento dos seus rebanhos, o aumento do seu gado e a prole dos seus rebanhos. Bendito será o seu cesto e a sua amassadeira. Bendito você será quando entrar, e bendito será quando sair.*
>
> —Deuteronômio 28:4–6

> *E o Senhor te dará abundância de bens, no fruto do teu ventre, no aumento do teu gado, e na produção da tua terra, na terra que o Senhor jurou a teus pais dar-te. O Senhor te abrirá o seu bom tesouro, o céu, para dar chuva à tua terra no seu tempo e para abençoar toda a obra das tuas mãos. E emprestarás a muitas nações, porém não tomarás emprestado.*
>
> —Deuteronômio 28:11–12

Deus é um Deus de abundância, de crescimento... não de escassez ou diminuição. Seu desejo é abençoar Seus filhos.

O Espírito Santo só irá guiá-lo pelo melhor caminho, aos melhores funcionários, aos melhores clientes e às melhores oportunidades. Ele o afastará de perdas financeiras, maus negócios e parcerias ou alianças erradas.

O Espírito Santo nunca o levará pelo caminho errado onde você ou sua empresa possam ser arruinados (a menos que Ele o salve de algo pior que você não vê!).

Ser guiado pelo Espírito Santo nos negócios é a melhor maneira de viver em Sua abundância.

6: O Espírito Santo é o seu Consultor nº1, Conselheiro e Treinador.

> *Confie no Senhor de todo o seu coração e não se apoie em seu próprio entendimento; reconheça-o em todos os seus caminhos, e ele endireitará as suas veredas.*
>
> —Provérbios 3:5–6

Quando você decidir fazer a mudança (e sinto que você já decidiu), o Espírito Santo lhe dirá quando você deve...

- Ir
- Ficar
- Parar
- Construir
- Investir
- Alinhar
- Evitar
- Adiar
- Esperar
- Expandir
- Mover
- Preparar
- Contratar
- Demitir
- Comprar
- Vender
- Agir!

O Espírito Santo é e deve sempre ser o seu #1 Consultor, Conselheiro e Treinador de Negócios.

2.3. Seu Verdadeiro Inimigo

O ladrão não vem senão para roubar, matar e destruir.

—João 10:10a

Seu verdadeiro inimigo no trabalho não são seus concorrentes, fornecedores, bancos ou seus funcionários.

Seu verdadeiro inimigo não são as condições de mercado, a competição global ou a falta de fluxo de caixa.

Seu verdadeiro inimigo é Satanás!

Ele é aquele que fará tudo o que puder para derrotar, distrair e desviar você de ser guiado pela voz de Deus através da Sua conexão direta com você — o Espírito Santo.

Satanás desesperadamente quer que você seja guiado pelo mundo, pelo que ele controla (Efésios 2:2).

Deus desesperadamente quer que você seja guiado pelo Seu Espírito, pelo que Ele controla (Romanos 8:14-16).

"Pois nossa luta não é contra carne e sangue, mas contra os principados, contra as potestades, contra os príncipes das trevas deste século, contra hostes espirituais da maldade nas regiões celestiais." (Efésios 6:12)

É hora de voltar sua atenção para a verdadeira batalha que você enfrenta nos negócios.

É a mesma batalha que você enfrenta em casa: a batalha do certo versus o errado, do bem contra o mal.

É hora de lembrar o inimigo de que ele já foi derrotado, que ele foi vencido há 2.000 anos na cruz.

É hora de dizer a ele que ele não controla nem influencia você em seus negócios, pois você agora está sendo guiado pelo Espírito Santo.

É hora de dizer a ele que, pelo nome de Jesus, ele deve fugir (Tiago 4:7)!

2.4. Sua Maior decisão Empresarial

> *E não vos conformeis com este mundo, mas transformai-vos pela renovação da vossa mente, para que experimenteis qual seja a boa, agradável e perfeita vontade de Deus.*
>
> —Romanos 12:2

A maior decisão empresarial que você jamais tomará é se tornar um líder guiado pelo Espírito Santo.

Nenhuma outra decisão empresarial que você tomará...

- Animará e elevará seu espírito a um nível mais elevado

- Será mais desafiadora de implementar e integrar em sua vida diária

- Desencadeará maior poder espiritual em toda a sua organização

- Será mais incompreendida, até zombada, por família, amigos, funcionários e clientes

- Terá recompensas maiores, tanto terrenas quanto eternas

- Será mais combatida pelo inimigo e seu exército

Comparada a qualquer outra decisão que você tomará, esta se destaca acima e além de todas as outras.

Ela até influenciará no que Jesus testemunhará em sua defesa diante do Pai no dia do seu julgamento.

A pergunta é: "Você será um líder guiado pelo Espírito ou continuará sendo um líder guiado pelo mundo?"

Eu sei que você já decidiu. Meu espírito sente que você está pronto para fazer a grande mudança.

Mas antes de fazer isso, você precisa se preparar para os inevitáveis obstáculos que estão por vir.

Guia de Estudos do Capítulo 2

Você acredita que é possível ser totalmente guiado pelo Espírito Santo em seus negócios em seu país? Por que ou por que não?

O que você vê como seu maior desafio para mudar e ser totalmente guiado pelo Espírito Santo nos negócios?

De que maneiras você vê Satanás impactando seus negócios?

Faça uma lista de como ser guiado pelo Espírito Santo pode superar as tentativas de Satanás de matar, roubar e destruir seus negócios.

3

OBSTÁCULOS

Somos pressionados de todos os lados, mas não esmagados; ficamos perplexos, mas não desesperados; perseguidos, mas não abandonados; derrubados, mas não destruídos.

—2 Coríntios 4:8–9

P AULO CONHECIA AS PROVAS QUE ENFRENTARIA POR PREGAR O Evangelho. No entanto, elas não o impediram de cumprir seu chamado do Senhor.

Estou sugerindo que você enfrente espancamentos, prisões, naufrágios e mais ao fazer essa grande mudança? Não, mas isso poderia acontecer. Muitos de vocês que estão lendo esta Edição Global vivem em países onde os cristãos são severamente perseguidos em todos os aspectos da vida. Às vezes enfrentamos severos obstáculos enquanto nos movemos em direção a nos tornarmos guiados pelo Espírito nos negócios.

Quando o Senhor me chamou para deixar minha empresa de palestras e consultoria com fins lucrativos e lançar um ministério empresarial baseado na fé, acredite ... houve desafios mesmo aqui nos Estados Unidos.

Muitas agências de palestrantes profissionais que me contrataram por anos e anos, quando souberam que eu estava fazendo negócios como cristão, me abandonaram como se eu tivesse lepra.

Clientes em potencial fugiram por medo de que eu pudesse entrar e tentar evangelizar ou converter seus funcionários em cristãos.

Meu novo mercado-alvo, outros 2% como você, não me conhecia como um crente nos negócios com uma nova e fresca mensagem.

Até aquele momento, todas as minhas palestras, livros, materiais de treinamento, blogs e tudo o que eu havia criado nos 20 anos anteriores eram baseados em princípios seculares (sem um componente de fé), embora ocasionalmente eu inserisse uma dica da Palavra sempre que apropriado.

Tive que começar do zero como um consultor de 57 anos com um negócio baseado em casa.

Parte do meu testemunho é que, mesmo tendo que lutar para sobreviver nos anos seguintes, Deus providenciou tudo o que precisávamos. Nunca perdemos um pagamento da hipoteca, uma refeição, a mensalidade da escola do nosso filho, ou qualquer outra coisa de que precisávamos (Fil. 4:19).

Sim, mesmo para mim, após fazer a Grande Mudança, enfrentei muitos novos obstáculos. E você também enfrentará.

Aqui estão alguns dos principais obstáculos que enfrentei, dos quais muitos você provavelmente enfrentará ou já enfrentou.

Mas anime-se. No final deste capítulo, compartilharei uma chave que aprendi e que me ajudou a superar meus obstáculos para me tornar um líder guiado pelo Espírito nos negócios.

3.1. Não é Natural

> *Mas o homem natural não recebe as coisas do Espírito de Deus, pois para ele são loucura; nem pode entendê-las, porque elas se discernem espiritualmente. Mas aquele que é espiritual discerne bem todas as coisas, e ele mesmo não é discernido por*

> *ninguém. Porque "quem conheceu a mente do Senhor, para que possa instruí-lo? " Mas nós temos a mente de Cristo.*
>
> —1 Coríntios 2:14–16

Você e eu, muito provavelmente, fomos ensinados a fazer negócios de uma certa maneira: a maneira natural do mundo—não a do reino.

Provavelmente fomos ensinados ou supervisionados por homens ou mulheres sobre como são os caminhos dos negócios no mundo...

- Tomar decisões (guiadas pela cabeça)
- Avaliar os riscos e oportunidades (guiadas pelas oportunidades)
- Aumentar o lucro e diminuir os custos (guiadas pelo dinheiro)
- Implementar os mais recentes sistemas e softwares de aumento de produtividade (guiadas pela inovação)
- Integrar as mais recentes ideias de negócios (guiadas pelos especialistas)
- Tomar decisões rápidas (guiadas pela pressão)

Com anos, até mesmo décadas de lavagem cerebral baseada no mundo dos negócios, não é natural recuar e pedir ao Espírito Santo que nos mostre o melhor caminho a seguir.

Até mesmo fazer uma mudança positiva (como a Grande Mudança) no início parece muito antinatural para nós porque é algo que nunca fizemos antes.

Tudo bem. Uma vez que você comece e comece a ver sucesso e até mesmo resultados sobrenaturais, ser guiado pelo Espírito será sua maneira natural de trabalhar.

3.2. NÃO É ÓBVIO

> *Mas Marta estava distraída com muitos afazeres, e ela se aproximou Dele e disse: "Senhor, não te importas que minha irmã me tenha deixado servir sozinha? Portanto, diga-lhe que me ajude."*
>
> —Lucas 10:40

Vamos estudar o ponto de vista de Marta por um minuto.

Para Marta, era óbvio que havia uma urgência em preparar a refeição para todos os convidados. Grande multidão. Jesus ensinando. Pessoas ficando com fome.

Deve haver uma grande refeição pronta para todos quando Ele terminar de ensinar... certo? Por que ninguém mais pode ver o óbvio? Especialmente minha irmã preguiçosa e inútil, Maria, que deveria estar ajudando desde o início, mas está lá sentada e perdendo tempo ouvindo Jesus quando há trabalho a ser feito! Ela deveria saber melhor!

Martha até chegou ao ponto de interromper o ensino de Jesus e basicamente pedir a Jesus para dizer a Maria para ir para a cozinha ajudar. Imagine ter a audácia de interromper o ensino de Jesus, chamar Maria na frente de uma grande multidão e então comandar Jesus (porque obviamente Ele concordaria comigo) para dizer a Maria o que fazer... para se levantar e ajudar na refeição!

É tão óbvio... certo? É fácil ser guiado pelo que parece ser óbvio em vez de permitir-se ser guiado pelo Espírito Santo para o que pode não ser tão óbvio.

Pode parecer óbvio para nós que fazemos negócios do jeito do mundo...

- Estender o prazo de pagamento a um fornecedor por alguns dias para ajudar o fluxo de caixa atual.
- Demitir aquele funcionário que sempre chega atrasado ao trabalho.

- Expandir para aquela vila ou cidade que tem tanto potencial.

- Encerrar o contrato de um fornecedor de longo prazo para um novo fornecedor com um preço mais baixo.

- Cortar ou eliminar o orçamento de treinamento durante cortes orçamentários

Ser guiado pelo Espírito Santo nos negócios nem sempre é a coisa mais óbvia a se fazer. Você deve aprender a discernir através do Espírito as maneiras não tão óbvias do reino.

Mais sobre isso depois.

3.3. Não é Popular

Então os discípulos de Jesus foram ter com ele e perguntaram-lhe: "Sabes que os fariseus ficaram escandalizados com o que ouviram."

—Mateus 15:12

Mas eles gritaram em alta voz, taparam os ouvidos e, unânimes, investiram contra ele. E, lançando-o fora da cidade, o apedrejaram. E as testemunhas depuseram as suas vestes aos pés de um jovem chamado Saulo.

—Atos 7:57–58

Mas, quando os judeus de Tessalônica souberam que também em Bereia fora anunciada a palavra de Deus por Paulo, foram para lá também agitar e perturbar as multidões.

—Atos 17:13

Estes versículos dramáticos apontam poderosamente para uma verdade crua: Nem todos vão aceitar de braços abertos e com gritos de "Aleluia!" a sua revelação de ser guiado pelo Espírito Santo nos negócios.

Muitos, se não a maioria, terão dificuldade em entender sua compreensão sobre essa nova vantagem injusta. Alguns podem até zombar ou desprezar você. Sim, ser guiado pelo Espírito Santo nos negócios pode ser tão impopular que é comum ouvir o insulto padrão: "Eles acham que ouvem de Deus!"

Mas não é exatamente esse o ponto?

A Bíblia é uma história longa e poderosa de pessoas que ouviram a Deus: Adão, Abraão, Moisés, José, Samuel, Davi, Salomão, Jeremias, Isaías, Eliseu, todos os apóstolos e, especialmente, Jesus Cristo.

Abraçar nossa vantagem injusta nos negócios pode não ser popular, mas nos coloca em excelente companhia. Portanto, mesmo quando enfrentar incrédulos ou zombadores, considere-se em companhia maravilhosa.

3.4. Incerto se sua fé é forte o bastante

> *Não está certo se sua fé é suficientemente forte.*
> *Jesus disse-lhe: "Se podes crer, tudo é possível ao que crê." E imediatamente o pai do menino exclamou com lágrimas: "Eu creio, Senhor! Ajuda a minha incredulidade."*
>
> —Marcos 9:23–24

> *Vigiai e orai, para que não entreis em tentação. O espírito, na verdade, está pronto, mas a carne é fraca.*
>
> —Mateus 26:41

> *Mas eu roguei por ti, para que a tua fé não desfaleça; e tu, quando te converteres, fortalece teus irmãos.*
>
> —Lucas 22:32

Este obstáculo pode ser o mais desafiador.

Às vezes, você pode questionar a profundidade da sua fé, perguntando-se se é forte o suficiente para suportar. Você pode começar a se comparar aos gigantes espirituais da Bíblia — de Calebe a Paulo — e imediatamente pensar que não está à altura ... que sua fé não é forte o suficiente para ter sucesso.

Este também é um dos principais obstáculos que o inimigo adora lançar contra você. Satanás teve até a audácia de lançar essa acusação contra Jesus (veja Mateus 4:3, 5, 8).

O que é necessário para ter fé suficiente?

Então o Senhor disse: "Se tiverdes fé como um grão de mostarda, podereis dizer a esta amoreira: 'Arranca-te e planta-te no mar', e ela vos obedecerá." (Lucas 17:6)

Sua fé, através da salvação, trouxe você para um relacionamento eterno com Jesus, uma promessa de viver com Ele para sempre no céu.

Portanto, sua fé é certamente forte o suficiente (mesmo como um grão de mostarda) para ser um líder empresarial guiado pelo Espírito.

3.5. COM MEDO DE QUE POSSA FAZER ALGO ERRADO

> *E Pedro lembrou-se da palavra de Jesus, que lhe tinha dito: "Antes que o galo cante, três vezes me negarás." E ele saiu e chorou amargamente.*
>
> —Mateus 26:75

Você é humano? Eu também. Isso significa que às vezes falhamos e pecamos diante da glória de Deus (Romanos 3:23). Ao começar esta nova jornada, é provável que cometa alguns erros ao longo do caminho. Mas mesmo quando cometer erros, lembre-se, você é perdoado.

Se confessarmos os nossos pecados, Ele é fiel e justo para nos perdoar os pecados e nos purificar de toda injustiça. (1 João 1:9)

À medida que você passa a ser guiado pelo Espírito Santo nos negócios, às vezes pode errar, mas continue avançando. E à medida que continuar, cometerá cada vez menos erros à medida que o poder d'Ele cresce dentro de você.

A razão pela qual continuamos errando é que estamos ouvindo o canal espiritual errado!

Ao aprender a ouvir Sua voz com mais clareza, raramente você deixará de entender o que Ele está lhe dizendo para seu crescimento e para o crescimento do seu negócio.

Não deixe o medo de às vezes errar impedi-lo de perseguir com paixão sua jornada para ser guiado pelo Espírito Santo.

3.6. Você começa forte, mas enfraquece ao longo do tempo

> *Então ele disse: "Vem." E Pedro, descendo do barco, andou sobre as águas e foi na direção de Jesus. Mas, quando viu que o vento estava forte, teve medo; e, começando a afundar, gritou: "Senhor, salva-me!" Imediatamente Jesus estendeu a mão, segurou-o e disse: "Homem de pequena fé, por que você duvidou?" Quando subiram para o barco, o vento cessou.*
>
> —Mateus 14:29–32

Duas pessoas andaram sobre as águas na Bíblia: Jesus e Pedro.

Pedro começou forte. Ele saiu do barco com fé, olhou para Jesus e ouviu Jesus. Ele não prestou atenção ao seu entorno: as águas agitadas, o vento e as ondas.

Pedro começou forte, mas rapidamente desfocou quando tirou os olhos de Jesus.

É fácil começar forte em uma nova e empolgante aventura empresarial. É especialmente emocionante como um "2%er" começar uma nova e excitante aventura empresarial com o Senhor.

Mas uma vez que você se compromete plenamente a ser um líder guiado pelo Espírito Santo, não há volta atrás. Por quê? Uma vez comprometido, Jesus espera que você siga em frente.

Ser guiado pelo Espírito Santo nos negócios exige seu compromisso total em permanecer na sua corrida até o fim. Assim como Paulo disse,

> ... para que *eu possa completar a minha carreira* com alegria, e o ministério que recebi do Senhor Jesus, para testificar o evangelho da graça de Deus." (Atos 20:24b, ênfase adicionada)

Um dos meus heróis da fé é Calebe. Sua história me emociona sempre que a leio e estudo.

Ele tinha 40 anos quando, junto com Josué, tentou convencer os israelitas a entrarem na Terra Prometida e conquistá-la (Números 14:7). Apenas ele e Josué sobreviveram aos 40 anos no deserto porque Calebe tinha um espírito diferente (Números 14:24).

Aos 80 anos, ele ajudou Josué a liderar os exércitos dos israelitas na Terra Prometida e a conquistar reino após reino. Então, depois de esperar 45 anos, quando Deus instruiu Josué a dividir as terras, ele ofereceu a Calebe a terra que ele quisesse.

A resposta de Calebe é um exemplo brilhante de começar forte e não enfraquecer:

> "E agora, eis que o Senhor me conservou com vida, como disse; quarenta e cinco anos há desde que o

Senhor falou esta palavra a Moisés, andando Israel ainda no deserto; e agora eis que hoje tenho oitenta e cinco anos. *E ainda hoje estou tão forte como no dia em que Moisés me enviou;* qual era a minha força então, tal é agora a minha força, tanto para a guerra como para sair e para entrar. Agora, pois, dá-me este monte de que o Senhor falou naquele dia; porque naquele dia ouviste que estavam ali os anaquins, e que as cidades eram grandes e fortificadas. Porventura o Senhor será comigo, e os expulsarei, como o Senhor disse." (Josué 14:10–12, ênfase adicionada)

Aos 85 anos de idade, Calebe desejava a mesma terra habitada pelos gigantes que os outros dez espias temiam (o que causou os 40 anos de errância no deserto). Calebe é o tipo de homem que eu desejo ser nos negócios e na vida. Esse é o modelo que desejo seguir!

Calebe é um exemplo fenomenal de como começar forte, manter-se forte e não desvanecer.

Minha corrida empresarial está longe de terminar. Assim como você, quando tomei a decisão inicial de ser guiado pelo Espírito Santo, comecei forte. As pressões, incertezas, oportunidades perdidas nos negócios e até mesmo minha carne tentaram entrar em minha mente com dúvidas, incertezas e desânimo.

Mas escolhi não ser como Pedro e desviar o olhar. Escolhi manter os olhos em Jesus e ouvir o Seu Espírito.

Decidi terminar minha corrida como Paulo.

Decidi começar forte, manter-me forte e não desvanecer... assim como Calebe!

Minha oração é que você se torne cada vez mais forte em sua corrida empresarial guiada pelo Espírito Santo

.

3.7. Você não sabe como fazer isso

Então ele, tremendo e atônito, disse: "Senhor, o que queres que eu faça?" E o Senhor lhe disse: "Levanta-te, entra na cidade, e ali te será dito o que deves fazer."

—Atos 9:6

Paul não sabia como usar sua nova vantagem injusta em seu ministério. Ele teve que aprender como usá-la.

Quando comecei minha jornada para ser um empresário guiado pelo Espírito Santo, eu não sabia o que fazer. Assim como Paulo, tive que aprender o que fazer e como fazer.

Eu nunca afirmaria ter todas as respostas sobre como ser totalmente guiado pelo Espírito nos negócios. Mas posso ensinar a você, com base na minha experiência, o que aprendi até agora.

É por isso que você está lendo ou ouvindo este livro.

O Espírito Santo me disse para escrever este livro para ensinar a você o que Ele me ensinou! Eu estava apenas aprendendo como ser guiado por Ele.

Ele me disse: "É EXATAMENTE por isso que quero que você escreva este livro — para ensinar o Meu povo sobre o que eu ensinei a você sobre deixar-me guiá-los nos negócios."

Você já leu ou ouviu parte do que aprendi.

Então, vamos continuar!

3.8. Uma chave para superar seus obstáculos

Embora seja importante reconhecer os potenciais obstáculos que você pode enfrentar ao fazer a transição de um líder de negócios guiado pelo mundo para um guiado pelo Espírito Santo, é mais importante saber como superá-los.

O inimigo frequentemente coloca obstáculos para impedir que você libere o Espírito Santo em seu negócio. Ele usará tudo em seu arsenal para colocar pequenos, grandes e até obstáculos avassaladores em seu caminho. Ele continuará a lembrá-lo dos sete obstáculos que discutimos e talvez mais alguns, para seu prazer diabólico.

Espere por isso.

Lembre-se, os obstáculos dele geralmente são temporários (a menos que você permita que se tornem permanentes) e distrações desnecessárias (seu caminho ainda é totalmente dirigível).

Ele fará de tudo para forçá-lo a voltar para o jogo dele, fazendo negócios sob suas regras.

Uma chave que aprendi para superar esses obstáculos é, primeiro, memorizar este versículo poderoso:

> "E não vos conformeis com este mundo, mas transformai-vos pela renovação da vossa mente, para que experimenteis qual seja a boa, agradável e perfeita vontade de Deus." (Romanos 12:2)

Então, eu o reafirmo com minhas próprias palavras... algo assim:

> "Eu não me conformo com os métodos de negócio deste mundo, mas sou transformado pela renovação da minha mente através do Espírito Santo, para liderar e viver o que é bom, agradável e perfeito na vontade de Deus em meu negócio."

A chave? Renove sua mente!

A batalha começa na sua mente. Começa com a sua disposição de ser transformado em tudo o que Deus deseja que você seja nos negócios através do poder do Espírito Santo.

A batalha termina quando você aprende a liberar o Espírito Santo em todo o seu negócio.

Próximo passo: vamos prepará-lo completamente para liberar o poder do Espírito Santo em seu negócio!

Guia de Estudos do Capítulo 3

Dos sete obstáculos, Quais Três são os seus maiores desafios para superar? Porque eles são um desafio para você?

1.

2.

3.

Qual é o seu plano / as ações que você deve tomar para superar esses desafios?

Romanos 12:2 significa para você no desafio de superar seus obstáculos?

4

Como se preparar

Prepare o seu trabalho fora, adapte-o para si mesmo no campo;
E depois construa a sua casa.

—Provérbios 24:27

PREPARAR SIGNIFICA

- Prepare-se para algo que você vai fazer, algo que espera que aconteça
- Prepare antecipadamente para algum propósito, uso ou atividade
- Coloque-se em um estado mental adequado
- Planeje com antecedência
- Esteja pronto

Comecei a praticar esportes aos seis anos de idade. Desde o beisebol até o basquete e o golfe, rapidamente percebi que ser um bom jogador ia muito além de apenas comparecer aos jogos. Eu tinha que investir tempo, energia e esforço para me preparar adequadamente se quisesse ter alguma esperança de entrar no time ou jogar nas partidas.

Quando comecei a jogar golfe, lembro-me com carinho da empolgação inicial quando meu pai comprou meu primeiro conjunto de tacos: um driver, um ferro 5, um ferro 9 e um putter. Eu pensei que agora era como meu primeiro herói nos esportes, Sam Snead! Mas eu não tinha ideia de como me preparar para jogar minha primeira rodada.

Meu pai gentilmente e especificamente me ensinou como segurar o taco, o caminho adequado do swing, como mirar e focar, e como fazer o follow through. Como ex-jogador semi-profissional de beisebol, ele sabia o quão crítico era se preparar adequadamente e fez um trabalho magnífico lançando meu amor pelo jogo. (Hoje, jogo com handicap 11, então estou aberto ao seu convite a qualquer momento!)

À medida que amadureci, percebi ainda mais profundamente a necessidade absoluta de uma preparação focada e intensa para sobressair nos esportes e na vida.

Não é diferente para você conforme você se move em direção a liberar o poder do Espírito Santo em seu negócio.

Você deve se preparar.

Você precisa investir o tempo e a energia necessários para preparar sua mente e espírito para o próximo passo na jornada.

Aqui estão cinco áreas nas quais você precisa se preparar para liberar o poder do Espírito Santo em seu negócio.

4.1. É mais que uma Oração

> *Depois de chegarem à Mísia, tentaram ir para a Bitínia, mas o Espírito não permitiu.*
>
> —Atos 16:7

Você está um pouco chocado com o título desta seção? Como algo poderia ser mais importante do que a oração? Não é a oração a coisa mais importante que fazemos como crentes?

Por favor, entenda que NÃO estou diminuindo de forma alguma o poder da oração! Tudo relacionado a ser guiado pelo Espírito nos negócios começa com a oração. A oração não deve e nunca deve ser considerada uma estratégia espiritual secundária nos negócios.

Também entenda que ser completamente guiado pelo Espírito de Deus nos negócios vai além da oração. Por quê?

Em muitos casos, mesmo com 2%ers totalmente comprometidos, a oração se torna uma atividade programada no calendário... apenas mais uma tarefa na lista diária de atividades. A oração para o seu negócio se torna algo como: "Ok, são 6h45... hora de orar por alguns minutos." Check box.

Da mesma forma, a oração para o seu negócio muitas vezes se resume a: "Ah não, esqueci... preciso fazer algumas orações antes de começar a trabalhar."

No pior cenário, a oração se torna uma estratégia desesperada de último minuto: "Deus, por favor, salve nosso negócio."

Sim, eu levanto minha mão em confissão por ter feito essas três coisas. E você?

Mesmo que você e sua equipe invistam tempo significativo, energia e fé em um tempo de oração focado (e você deveria), somente a oração não é suficiente para liberar todo o poder da nossa vantagem competitiva injusta no trabalho.

Para se preparar para liberar sua vantagem competitiva injusta, é mais do que oração — é total consciência espiritual!

Esteja Espiritualmente Consciente

O Espírito Santo está sempre trabalhando em você e ao seu redor, de maneiras sutis e evidentes. Sempre.

Existem dois níveis principais de consciência espiritual enquanto você se prepara para liberar sua vantagem competitiva injusta nos negócios.

Nível 1: Consciência Espiritual Pessoal

Ser espiritualmente consciente começa com um exame intencional de como o Espírito Santo está se movendo dentro de você. Você pode começar sua consciência pessoal respondendo a perguntas como ...

- O que o Espírito Santo está me dizendo hoje?
- A quem o Espírito Santo está me instruindo a contatar hoje?
- O que sinto que o Espírito Santo está me direcionando a fazer no futuro??

Dedique 15 minutos AGORA para escrever suas respostas a essas perguntas. Medite sobre elas em um lugar tranquilo. Por que agora? Este é o primeiro passo importante em sua preparação... ajustar sua consciência espiritual pessoal para ouvir o que o Espírito Santo está dizendo a você neste momento.

Anote essas perguntas e escreva suas conclusões.

O que o Espírito Santo está me dizendo hoje?

A quem o Espírito Santo está me instruindo a contatar hoje?

O que sinto que o Espírito Santo está me direcionando a fazer no futuro?

Faça a si mesmo essas três perguntas todos os dias. Ao fazer isso, você rapidamente se tornará mais intencional em sua consciência espiritual pessoal.

Nível 2: Consciência Espiritual nos Negócios

À medida que você desenvolve e aprimora sua consciência espiritual pessoal, pode então se concentrar na consciência espiritual nos negócios.

Aqui está um exemplo pessoal. Há alguns anos, fui convidado a me encontrar com um empresário 2%or que aluga um andar de um grande prédio de escritórios e subaluga seu espaço extra para outros negócios cristãos. Durante minha primeira visita aos seus escritórios, senti um espírito maligno dominante. Perguntei a ele quem era o inquilino anterior desse espaço. Ele disse que era um grande escritório da Planned Parenthood, uma organização nos Estados Unidos que abertamente promove o aborto de bebês. Rapidamente começamos a orar, ungir os escritórios e remover os espíritos malignos ao redor desses espaços.

Levei anos de prática do Nível 1: Consciência Espiritual Pessoal antes de começar a aprender como aplicá-la ao Nível 2: Consciência Espiritual nos Negócios.

Aqui está como você pode encurtar sua curva de aprendizado sobre como se preparar para ser totalmente guiado pelo Espírito Santo.

Novamente, aqui estão algumas perguntas que me ajudaram a me tornar mais consciente de como o Espírito Santo está se movendo dentro e através do meu negócio. Peço que você dedique 15 minutos AGORA para registrar suas percepções sobre essas perguntas intencionais de espiritualidade nos negócios.

Onde sinto o Espírito Santo se movendo no meu negócio?

Como o Espírito Santo está se movendo nesta situação atual?

Quem, dentro e ao redor do meu negócio, o Espírito Santo está guiando?

Colegas – gerentes, supervisores, funcionários de linha de frente e funcionários temporários

Clientes – locais, nacionais, globais

Interessados – fornecedores, parceiros, conselho de administração, admiradores não clientes

Comunidade – regiões geográficas que servimos

Em quais atividades, projetos, comunicações ou negociações de negócios futuros eu preciso estar mais guiado pelo Espírito?

A recompensa

Com o tempo, você se tornará cada vez mais intencional em buscar uma maior consciência espiritual pessoal e nos negócios para você e sua empresa. Através de você ter lido este livro até aqui, Deus já está trabalhando com você em como se conectar ainda mais com Ele.

Frequentemente, após meus tempos de oração intencionais, eu literalmente choro de alegria por causa de como Ele está impactando aqueles ao meu redor para Sua glória e me permitindo fazer parte de Seu plano!

Francamente, minhas meditações espirituais pessoais e empresariais revitalizaram meu compromisso com o impacto no reino mais do que qualquer outra coisa que eu faça.

Através disso, eu sei que sei que sei que nada pode me deter!

Você vê, vai além da oração. Muito além!

Quando você combina a oração com uma consciência espiritual pessoal e empresarial intencional, você deu o primeiro passo para se preparar para liberar sua vantagem competitiva injusta!

4.2. É MAIS DO QUE UMA VOZ

> *Então ele veio pelo Espírito ao templo. E quando os pais trouxeram o Menino Jesus para realizar por Ele segundo o costume da Lei ...*
>
> —Lucas 2:27

> *E vejam, agora eu [Paulo] vou preso em espírito para Jerusalém, sem saber o que me acontecerá lá.*
>
> —Atos 20:22

A maioria de nós adoraria que a voz de Deus falasse audivelmente conosco através de uma sarça ardente (Êxodo 3:1), uma nuvem imponente (Mateus 17:5) ou até mesmo através de um jumento (Números 22:28).

Existem algumas instâncias na Bíblia onde pessoas ouviram a voz audível de Deus com seus ouvidos físicos. Mas esses foram mais exceções do que regra. E isso ainda é verdade hoje.

O Espírito Santo pode falar com você com uma voz audível? Absolutamente. Ele faz isso frequentemente? Não no meu caso, com certeza. Por que não?

Porque Ele vive dentro de mim! Ele não precisa usar sons físicos entrando nos meus ouvidos para se comunicar comigo quando Seu Espírito já habita dentro de mim.

Ouvir Sua voz é mais do que esperar por um som físico - é aprender como estar mais conectado com Seu Espírito que já vive dentro de mim.

Deus está falando com você

Embora você muito provavelmente acredite que Deus é totalmente capaz de falar com você, pode acontecer de você se pegar dizendo: "Eu simplesmente não O ouço. Acho que Ele não está falando comigo."

Aqui vai um conselho de coaching gratuito: NUNCA DIGA ISSO NOVAMENTE! NUNCA!

Confie em mim quando afirmo que o Senhor realmente fala com você.

Se Deus é onipresente, isso significa que Ele está em todos os lugares, o tempo todo.

Se Deus é onisciente, Ele sabe tudo o que aconteceu, está acontecendo e acontecerá.

Se Seu Espírito habita em você e Ele está sempre ao seu redor, então você está cercado por Sua presença.

Imagine se seu cônjuge, filho ou filha estivesse sempre ao seu lado, em todos os lugares que você vai, em todas as reuniões que você participa e em todas as viagens que você faz. Você saberia que eles estavam lá? Claro que sim. Você poderia sentir a presença deles mesmo quando eles não estivessem falando com você.

Da mesma forma, Deus fala com você através de Sua presença, o que eu gosto de chamar de "saber interior"

Conhecimento Interior

Um saber interior é uma intuição interna que vai além dos sentidos mentais, emocionais ou físicos. É um impulso ou instinto espiritual.

Você simplesmente sabe que é Deus, mesmo sem ouvir uma voz audível. Você sabe que sabe.

Você já disse a si mesmo ou a alguém, "Eu sabia que não deveria ter feito isso", ou "Eu sabia que deveria ter feito isso"? Ou talvez, "Eu sabia que era uma decisão ruim, mas fiz mesmo assim"?

Como você sabia? Quem estava lhe dizendo para fazer ou não fazer isso?

Como um 2%or, é muito provável que seu saber interior tenha vindo do Espírito Santo que habita dentro de você. É a mesma voz suave e inaudível que buscamos (1 Reis 19:12).

Eu encorajo você a não buscar vozes audíveis ou arbustos em chamas para ouvir o Espírito. Trata-se de treinar seus ouvidos espirituais para ouvir.

Desencadear sua vantagem competitiva injusta trata-se de muito mais do que ouvir uma voz.

4.3: SEJA DE TODO O CORAÇÃO

> *Mas o meu servo Calebe, porquanto nele houve outro espírito e ele seguiu inteiramente a minha causa, eu o farei entrar na terra que ele espiou, e a sua descendência a possuirá.*
>
> —Números 14:24

A palavra "de todo o coração" significa,

- Sem dúvida ou incerteza sobre fazer algo, apoiar alguém, etc.
- Completamente e sinceramente dedicado, determinado ou entusiasmado
- Caracterizado por um compromisso completo e sério
- Livre de reservas ou hesitações

Caleb é um dos meus heróis favoritos na Bíblia. Ele e Josué foram designados como dois dos 12 espias para explorar a Terra Prometida e trazer um relatório a Moisés. Os outros 10 foram dominados pelo medo a ponto de querer matar Josué e Caleb por encorajarem Moisés a atravessar o Jordão e tomar a terra.

Josué e Caleb, no entanto, acreditaram nas promessas do Senhor e O serviram com todo o coração, prontos para agir ofensivamente quando o Senhor ordenasse.

Sua jornada para liberar o poder do Espírito Santo através de você em seu negócio não é para os fracos! Uma vez que você a abraça, deve prosseguir com todo o coração, não retendo nada e avançando conforme o Espírito o guia.

Sem Hesitação

Veja, eu hoje coloco diante de você a vida e o bem, a morte e o mal. Ordeno hoje que você ame o Senhor seu Deus, que ande nos seus caminhos e guarde os seus mandamentos, os seus estatutos e os seus juízos, para que você viva e se multiplique, e o Senhor seu Deus o abençoará na terra que você está entrando para possuir. ... chamo hoje o céu e a terra como testemunhas contra você, que eu coloquei diante de você a vida e a morte, a bênção e a maldição; portanto escolha a vida.

—Deuteronômio 30:15–16,19

Deus nos deu uma escolha clara: o caminho Dele ou o caminho do mundo. Ele até nos deu a resposta.

Mas é nossa escolha, não a Dele.

Aqui está uma confissão da minha jornada profissional que eu oro para que te ajude.

Após ser salvo como um adolescente jovem, aos poucos me afastei do Senhor e do corpo de Cristo. Comecei a jogar beisebol aos domingos em vez de frequentar a igreja, o que iniciou meu lento afastamento aos 16 anos. Eu tinha quase 40 anos quando voltei completamente ao Senhor, exatamente quando lancei meu negócio atual.

Durante a primeira década do meu novo negócio, escrevi vários livros empresariais, alguns altamente honrados e premiados.

Então, o Senhor começou a trabalhar em mim. Percebi que seguir puramente o lado secular dos negócios não era o que Ele queria para mim. Então, tomei a decisão de ... andar na corda bamba!

Por vários anos, tentei manter um pé na forma secular de fazer negócios e o outro no modo de Deus de fazer negócios. Comecei a falar em conferências de pastores e a orientar equipes pastorais em práticas sólidas de gestão baseadas na Bíblia. Inclusive preguei em cultos de domingo em várias igrejas.

Embora parecesse suficientemente bom na época ser um equilibrista, em 2009, o Senhor me disse claramente (não com uma voz audível, mas com um poderoso conhecimento interior): "Venha totalmente para o meu lado".

Ficou claro para mim que eu tinha que fazer uma escolha: continuar tentando andar na corda bamba ou fazer tudo o que faço para a glória de Deus. Mesmo que tenha levado algumas semanas, finalmente me rendi e clamei: "Senhor ... seja o que for, onde quer que seja! O que quer que você queira que eu faça e onde quer que você queira que eu faça, eu farei."

Foi quando me submeti totalmente a Jesus. Sua vontade. Seu caminho.

Foi o momento em que decidi viver e trabalhar de todo o coração para o Senhor através do meu negócio.

Sua jornada profissional pode ser muito menos dramática. Mas o resultado deve ser o mesmo ... que você abrace com alegria ser inteiramente dedicado ao Senhor em seu negócio.

A escolha é sua. Entregue tudo a Deus ou não. Mas eu o aviso que ser meio-coração no que você faz será seu desastre e sua ruína.

> "Conheço as tuas obras, que nem és frio nem quente; oxalá foras frio ou quente! Assim, porque és morno e

não és frio nem quente, estou a ponto de vomitar-te da minha boca." (Apocalipse 3:15-16)

O que seria ficar em cima do muro no seu negócio? Isso poderia incluir ...

- Ter medo de orar durante o dia porque alguém pode te ver
- Amaldiçoar um momento e depois louvar a Deus no próximo
- Imprimir um versículo no seu cartão de visita na esperança de que as pessoas pensem que você é um verdadeiro cristão
- Confiar nas últimas melhores práticas de negócios em vez das verdades eternas de Deus
- Pagar fornecedores atrasado para receber seu salário primeiro

Se alguma dessas situações te fizer refletir profundamente, ótimo. Elas não são destinadas a insultar, mas a exortar você a buscar claramente a vontade Dele nessas e outras áreas, para que você viva de todo coração para o Senhor em seu negócio.

Um desafio

Agora seria um ótimo momento para deixar este livro de lado—por um dia, uma semana ou mais—e investir tempo intencional em "tempo no tapete" (tempo tranquilo em oração e jejum) para pedir ao Senhor que prepare seu coração para se tornar um Calebe de todo coração em seu mercado!

Vá em frente. Feche este livro. Eu estarei aqui ainda depois de você se comprometer com o Senhor a não mais ficar em cima do muro!

Dê o seu melhor

> E tudo o que fizerem, façam de todo o coração, como para o Senhor e não para os homens, sabendo que do Senhor receberão a recompensa da herança. É a Cristo, o Senhor, que vocês estão servindo.
>
> —Colossenses 3:23-24

Bem-vindo de volta! Oro para que seu tempo de "tempo no tapete" tenha sido um encontro poderoso que trouxe clareza, paz e exaltação. Agora, vamos estudar a segunda maneira de ser inteiramente dedicado em seu negócio — dar o seu tudo, o seu tudo! É simples, mas extremamente difícil. Sinto-me levado a compartilhar outra história pessoal para ajudar a demonstrar essa verdade.

Comecei a jogar beisebol organizado aos cinco anos de idade e imediatamente quis ser arremessador. Como arremessador, você está no controle. Você pode lançar a bola com força. Seus companheiros de equipe dependem de você. Você recebe mais reconhecimento por uma vitória e mais culpa por uma derrota do que merece. Continuei arremessando em ligas organizadas até meus vinte e poucos anos. Era mais do que uma paixão.

Em quatro anos jogando beisebol colegial, meu recorde de arremessos foi 23-7 (ganhei 23 jogos e perdi apenas 7). Nada mal.

Depois de me formar no ensino médio, joguei em uma liga de verão muito competitiva junto com outros jogadores de destaque de todo o estado. O torneio de encerramento do ano era um evento de eliminação simples, em que o vencedor levava tudo, e precisávamos ganhar dois jogos para avançar para o torneio regional.

O técnico me escolheu para arremessar o primeiro jogo e um colega de classe do ensino médio — vamos chamá-lo de "Steve", embora esse não fosse seu nome real — para arremessar o segundo jogo. Eu arremessei durante todo o jogo na primeira noite — um jogo longo e intenso — e vencemos. Dirigimos 40 milhas para casa e retornamos na noite seguinte para jogar contra a melhor equipe de todo o estado.

Quando chegamos ao estádio, Steve não estava lá. Uma hora antes do jogo, descobrimos que ele decidiu não aparecer para arremessar. Nunca soubemos o motivo. Na verdade, isso não importa. Eu era o melhor e o único arremessador titular restante no time. Normalmente, um arremessador titular descansa de 3 a 4 dias antes de começar outro jogo. O braço de um arremessador está cansado e precisa se rejuvenescer.

Meu braço e meu corpo ainda estavam cansados da noite anterior. O técnico não teve escolha a não ser perguntar: "Jim, você consegue jogar esta noite?"

Você precisa saber um pouco de contexto aqui. Steve e eu jogamos um contra o outro e juntos por anos. Éramos competidores muito amigáveis, companheiros de equipe determinados a provar um ao outro e ao resto da comunidade quem era o melhor arremessador. Steve era parte do grupo popular, o cara legal, e eu certamente não era. Ele era um canhoto de topo com uma bola rápida incrível. Eu era destro com uma curva boa (e uma bola rápida medíocre). Como atletas, tínhamos um relacionamento pessoal bacana, mas éramos totalmente dedicados à vitória de nosso time.

Eu nunca tinha vencido o time contra o qual estávamos jogando naquela noite. Anteriormente, havia perdido cinco jogos para eles ao longo da minha carreira no colegial e nas ligas de verão. Eles não tinham medo de mim, mas eu também não tinha medo deles.

Então, eu tinha muita motivação naquela noite! Eu queria vencer aquele time, ganhar dois jogos consecutivos e demonstrar quem era o melhor companheiro de equipe. (Perdoe-me pelo orgulho que estava mostrando.)

Comecei o jogo, e o time inteiro estava totalmente motivado para vencer!

Depois de cinco entradas, estávamos à frente por 4 a 2. Enquanto saía do dugout em direção ao montinho para começar a sexta entrada (jogávamos apenas jogos de sete entradas nesta liga), o técnico perguntou: "Como você está, Jim?" Ele podia ver que eu estava exausto; minha bola rápida medíocre estava um pouco mais fraca e minha curva estava subindo um pouco mais alto.

É claro que eu disse: "Ei, técnico... estou bem," e então corri para o montinho como sempre fazia.

Ele sabia o que estava prestes a acontecer e o que logo teria que fazer. Eu também sabia, mas precisava dar mais um último esforço.

Bem, você pode imaginar o que aconteceu. O outro time começou a me atacar, acertando rebatidas simples e duplas por todo o campo de beisebol.

Na maioria dos jogos como esse, mesmo sem energia, geralmente conseguia fazer o rebatedor bater para cima, para o chão ou para fora. Mas não desta vez. Eu estava totalmente exausto.

Arremessar 12,5 entradas nas últimas 24 horas sob um calor de 32 graus tinha cobrado seu preço.

Pela primeira vez no jogo, o outro time estava na frente. O técnico não teve escolha senão me tirar do jogo.

Enquanto o técnico caminhava até o montinho, fiz algo que nunca tinha feito em toda a minha vida esportiva.

Comecei a chorar.

Imagine... um recém-formado MVP (Jogador Mais Valioso) do time de beisebol do ensino médio, com um recorde de 23-7 na carreira, de pé no montinho e chorando!

Mas eu não estava envergonhado. Minhas lágrimas eram porque, lá no fundo da minha alma, eu sabia que tinha dado o meu máximo. Não deixei nada no campo. Derramei meu coração e alma, dando tudo o que tinha aos meus companheiros de equipe e dando tudo o que tinha para vencer.

Embora a pontuação final indicasse que eu era o arremessador perdedor, em um sentido muito maior, eu era o vencedor.

Meu pai estava nas arquibancadas assistindo ao jogo, assim como o pai de outro jogador. O pai do meu amigo virou-se para o meu pai e disse: "Eu vi Jim arremessar muitos jogos, mas nunca estive tão orgulhoso de Jim como esta noite."

Meu pai respondeu: "Eu também não, Ed. Eu também não."

Conto essa história NÃO para me gabar de mim mesmo. Não. Pelo contrário, compartilho essa história para encorajar você de que nosso Senhor Jesus ficará mais orgulhoso de você quando você o servir de todo coração, dando o seu máximo e fazendo tudo o que puder para Sua glória em seu negócio.

No final, quando você o serve de todo coração, você vencerá e receberá a recompensa da sua herança (Colossenses 3:23-24).

Portanto, em sua jornada para liberar o poder do Espírito Santo através do seu negócio, você deve propósito em seu coração servir a Ele de todo coração!

Portanto, quando o Espírito Santo lhe disser para ir ou não ir, para comprar ou não comprar, para vender ou não vender, para assinar aquele contrato ou não assinar aquele contrato, para contratar aquela pessoa ou não contratar aquela pessoa... seja o que for que Ele disser para fazer, faça-o. De todo coração!

4.4. Crença no Senhor

Confie no Senhor de todo o seu coração e não se apoie em seu próprio entendimento; reconheça o Senhor em todos os seus caminhos, e ele endireitará as suas veredas.

—Provérbios 3:5–6

AVISO: NÃO DESPREZE ESSA VERDADE ETERNA!

Como crente, você provavelmente já ouviu este verso e talvez o tenha memorizado como eu.

Precisamos refletir sobre este verso por um tempo, pois ele está no cerne de liberar o poder do Espírito Santo em seu negócio.

Vamos começar por analisar cuidadosamente os cinco componentes principais deste verso.

Confie no Senhor

Confiança é definida como "uma confiança assegurada no caráter, habilidade, força, ou verdade de alguém ou algo." Eu também gosto da frase "confiança assegurada"."

Se você é salvo, você já confia no Senhor para a sua salvação. Você possui a confiança assegurada de que o Senhor é fiel à Sua promessa. Você coloca sua confiança nele com confiança.

Nossa confiança no Senhor também é uma confiança assegurada de que Ele realmente será fiel para completar a boa obra que começou em nós por meio de nossos negócios.

Com todo o seu coração

Aqui é onde muitos de nós ficamos presos ou hesitamos. Você notará que Salomão, ao escrever este verso sob a unção divina do Espírito Santo, não disse que Deus quer...

- "Confie em Mim com todo o seu dinheiro!"
- "Confie em Mim com todos os seus planos de negócios!"
- "Confie em Mim com toda a sua pesquisa de mercado!"
- "Confie em Mim com toda a sua mente!"
- "Confie em Mim com todos os seus sentimentos!"

A lista poderia continuar para sempre, mas você entendeu o ponto.

É crucial lembrar a si mesmo que tudo o que você faz nos negócios se resume ao seu coração. É tudo sobre como você permite que Deus influencie, impacte e molde seu coração para Sua glória. No entanto, frequentemente, as pressões do mundo dos negócios o cercam, seus concorrentes o atacam, o mercado é hostil em relação a você, sua cadeia de suprimentos o desafia e até seus funcionários podem rejeitá-lo.

É fácil perder o controle de nossos corações e voltar à nossa carne como líderes de negócios. É exatamente por isso que este verso e esta prática são tão críticos para o seu sucesso e significado nos negócios. Tudo volta ao seu coração e confiar no Senhor com tudo isso... não apenas uma parte dele reservada para os domingos.

Não se apoie em seu próprio entendimento

Eu não tenho todas as respostas e, honestamente, você também não tem. Mesmo quando pensamos que temos, nossas conclusões frequentemente são incompletas, equivocadas e difíceis de implementar.

Por duas décadas, vi meu papel nos negócios como ler, estudar, analisar e compartilhar informações—por meio de livros, discursos principais, coaching e consultoria—sobre como as grandes empresas faziam o que faziam tão bem. Ao longo dos anos, muitos clientes me disseram: "Não me importo com o que tal especialista em negócios pensa; estou pagando você pelo que VOCÊ pensa!" Foi fácil me tornar sábio aos meus próprios olhos.

Mesmo com todos os meus livros premiados e uma lista impressionante de clientes, lá no fundo, eu sabia que não sabia tanto assim. Minha esperança era que ninguém conseguisse ver através da minha fachada para descobrir o quão lamentavelmente pouco eu realmente sabia, pois isso teria arruinado meu negócio.

Assim como eu, você nunca entenderá tudo o que precisa saber para fazer crescer seu negócio em direção ao impacto eterno que Deus deseja que você faça.

Em todos os seus caminhos reconheça Ele

O que significa "todo"?
 Significa... TODO!

todo significa todo. Não parte. Não alguns. Não apenas abrir uma reunião em oração. Não apenas orar por mais crescimento. Não apenas chamá-Lo em tempos de dificuldade, crise financeira ou lesão de funcionários.

Todo... significa todo.
Todo.
Por que repito o óbvio? Às vezes, o óbvio não é tão óbvio. Sabemos que devemos confiar no Senhor com TODO. Descobri que é mais fácil fazer isso em minha família, meu casamento e com meus filhos... até mesmo ao servir minha igreja.

Mas admito que, ao longo dos anos, eu lutei para entregar tudo no meu negócio. Agora posso dizer que Jesus realmente é dono de todo o meu negócio. Agora que Ele controla totalmente tudo, não preciso mais depender do meu entendimento. Agora, eu confio totalmente no Seu entendimento.

Ele dirigirá os nossos caminhos

A palavra "shall" é definida como algo que se espera que aconteça no futuro. O Senhor não disse ...

- Ele pode.
- Quando Ele tiver tempo.
- Quando você estiver na lista Dele de pessoas boas.
- Somente quando se tornar muito difícil para você lidar.
- Depois que Ele pensar a respeito.
- Quando Ele sentir vontade.
- Depois que você alcançar um certo nível de maturidade espiritual.

Diga em voz alta: "ELE GUIARÁ MEUS CAMINHOS!"
Fale de novo.

Vamos lá. Não tem ninguém por perto agora. Diga NOVAMENTE!

Guiar seus caminhos... a recompensa máxima!

Você deve confiar no que ouve através do seu conhecimento interior e não duvidar.

4.5. PROTEJA-SE

Finalmente, meus irmãos, fortalecei-vos no Senhor e na força do seu poder. Revesti-vos de toda a armadura de Deus, para que possais estar firmes contra as astutas ciladas do diabo. Pois não temos luta contra carne e sangue, mas contra os principados, contra as potestades, contra os príncipes das trevas deste século, contra as hostes espirituais da maldade nas regiões celestiais. Portanto, tomai toda a armadura de Deus, para que possais resistir no dia mau e, havendo feito tudo, ficar firmes.

—Efésios 6:10–13

Satan é o príncipe deste mundo. Ele tem controle primário sobre os mecanismos dos negócios. À medida que você aproveita sua vantagem injusta, o inimigo virá atrás de você! Pode contar com isso.

No fascinante livro de Kyle Winkler, "Silence Satan: Shutting Down the Enemy's Attacks, Threats, Lies, and Accusations", ele afirma,

> "As armas que nos são dadas como parte do uniforme de Cristo nos ajudam em nosso pensamento. Satanás invade nossas vidas com argumentos de por que Deus não pode nos usar, por que nunca seremos curados, ou por que nossos pecados particulares são grandes demais para serem perdoados. São essas dúvidas e desencorajamentos que ele usa como

obstáculos para nos impedir de viver uma vida de vitória."[1]

O mesmo pode ser dito sobre nossas vidas empresariais. À medida que você começa a aproveitar sua vantagem injusta em seu mercado, o inimigo lançará tudo o que tem contra você e sua equipe.

Dentro da descrição da armadura por Paulo, quero que você se concentre em três pensamentos significativos:

1: Armadura Inteira

A armadura parcial é inútil. Imagine um soldado entrando em batalha sem seu capacete, mochila, botas ou arma. Da mesma forma, imagine um lutador entrando no campo de batalha do mercado, controlado pelo inimigo, sem a armadura completa, pronta para cada ataque do inimigo.

As seis peças da armadura completa são...

- **Cinto da Verdade** - A Palavra, à qual outras armas são fixadas

- **Couraça da Justiça** - Para proteger o coração e a alma e servir como símbolo reluzente para o inimigo da sua proteção

- **Capacete da Salvação** - Para proteger a mente, os ouvidos e os pensamentos

- **Sapatos do Evangelho da Paz** - Calçado pronto para permanecer firme e não perder terreno

- **Escudo da Fé** - Para bloquear os dardos inflamados do inimigo e proteger todo o corpo dos ataques

- **Espada do Espírito** - A Palavra de Deus, a única arma de ataque

A admoestação de Paulo é para vestir toda a armadura, não apenas uma peça ou duas. Sem o equipamento protetor completo, você estaria vulnerável para o inimigo entrar em modo de ataque no seu ponto mais fraco, sua tática típica.

Perceba que cinco das peças são equipamentos de proteção; apenas uma é uma arma de ataque. Se isso é uma potencial guerra espiritual contra você e seu negócio, por que você estaria limitado a apenas uma arma de ataque? Continue lendo.

2: Permaneça

Quatro vezes na descrição de Paulo sobre toda a armadura (Efésios 6:10-20), ele afirma que devemos permanecer firmes, não lutar. Isso é fascinante para mim, pois por que deveríamos nos armar e não lutar?

Inkler oferece uma magnífica visão sobre por que Paulo nos ensina a tomar uma posição. Ele ensina que o propósito de vestir toda a armadura é...

> ...encontrar força no poder do Senhor para que você possa permanecer. Ele (Paulo) não diz para vestir a armadura para lutar, mas para que, no Senhor, você possa manter sua identidade em Cristo contra as forças malignas que buscam destruí-lo.[2]

Ao colocar a armadura, perceba que você não está buscando marchar para a batalha tanto quanto está se revestindo no poder do Senhor para resistir (lá está novamente... permanecer) aos ardis e enganos do inimigo.

3: Esquemas

No Jardim do Éden, o inimigo lançou mentiras sutis e decepções para enganar Eva e Adão (Gênesis 3). Ele tentou fazer o mesmo com

Jesus durante seus 40 dias de tentação (Mateus 4). As táticas do inimigo não mudaram em 6.000 anos. Ele fará o mesmo com você.

Ele trará pensamentos e ideias para você que podem incluir ...

- "Você não pode fazer isso."
- "Você não tem a equipe ou os recursos necessários."
- "Isso é a coisa mais louca que você já tentou."
- "Isso vai arruinar seu negócio."
- "Ninguém vai te apoiar."
- "Você perdeu o juízo?"
- "O que seus concorrentes vão pensar?"
- "Você vai perder muito dinheiro e até seu negócio."
- "Ninguém vai te seguir."
- "Você não é um líder forte o suficiente para fazer isso acontecer."
- "Você está realmente, realmente certo de que isso vem de Deus? Tem certeza?"
- "Você não está levando isso a sério... está?"
- "Você está apenas lendo este livro de negócios louco e está cometendo o erro de ser guiado por especialistas, como o autor tolo diz."

Você entendeu a ideia.

E muitos desses são a artilharia leve do inimigo comparados às bombas nucleares que você poderia experimentar.

You will not always be attacked, but as you now begin to be a Spirit-led business leader, you need to be fully armored up.

É por isso que é crucialmente importante, enquanto você se prepara para liberar sua vantagem competitiva injusta, vestir a armadura completa e inteira diariamente, para que você possa tomar posição através da força de Cristo, não da sua própria.

É como a velha história que todos ouvimos na igreja sobre a senhora idosa que vê o diabo batendo à sua porta. Então, calmamente, ela se vira e diz em voz alta: "Jesus, isso é para você!"

Mais uma coisa: O inimigo deve fugir

Portanto, sujeitem-se a Deus. Resistam ao diabo, e ele fugirá de vocês.

—Tiago 4:7

Quando você ordena que o inimigo saia do seu negócio em nome de Jesus, ele deve obedecer! Ele não tem escolha!

Ponto final!

Nenhuma!

Portanto,

- Não lute contra o diabo no terreno dele. Lembre-o de que ele já foi derrotado, resista a ele e ele deve fugir; ele não tem escolha!
- Não lute uma guerra espiritual com sua habilidade mental. Lute com a Palavra, assim como Jesus (Mateus 4:1-11).
- Não deixe o pensamento de que o inimigo está vindo atrás de você te assustar, "pois aquele que está em você é maior do que aquele que está no mundo" (1 João 4:4).
- Não deixe o inimigo permanecer ao seu redor ou ao redor da sua equipe. Ordene que ele saia, e ele sairá!

Em resumo, lembre-se ...

- É mais do que oração.
- É mais do que uma voz.
- Seja de coração inteiro.
- Confie no Senhor.
- Arme-se todos os dias..

Depois de abraçar esses cinco passos de preparação, você estará pronto para liberar o poder do Espírito Santo em seu negócio.

Não leia ou pule esses passos casualmente. Enterre-os profundamente em seu coração e alma antes de lançar sua vantagem competitiva. Ao fazer isso, você dará a si mesmo uma base sólida para que o Espírito Santo manifeste Sua presença através do seu negócio!

> ## Discussão de Grupo
>
> Por que é importante reservar um tempo para se preparar para ser guiado pelo Espírito Santo em vez de simplesmente mergulhar de cabeça?
>
> Quais foram suas respostas às perguntas de conscientização pessoal e empresarial?
>
> Qual das etapas de preparação é a mais importante para você agora? Por quê?

---

[1] Kyle Winkler, *Silence Satan: Shutting Down the Enemy's Attacks, Threats, Lies, and Accusations* (Lake Mary, FL: Passio, 2014), 150.

[2] Ibid., 142.

5

LIBERE SUA VANTAGEM INJUSTA

Mas vocês receberão poder quando o Espírito Santo descer sobre vocês.

—Atos 1:8a

V OCÊ DECIDIU FAZER A GRANDE MUDANÇA.
Você conhece os possíveis obstáculos.
Você se preparou para o que está por vir.
Agora, você está pronto!

Esta seção o guiará através de seis chaves para liberar sua vantagem injusta. Recomendo que você aplique essas etapas em ordem, pois naturalmente se complementam em um processo poderoso.

Aqui está como sugiro que você aplique esta seção:

Primeiro, leia todas as seis sem fazer anotações. Tenha uma ideia do fluxo, do conteúdo e do impulso que elas geram.

Segundo, leia cada seção uma de cada vez e complete os exercícios breves em cada uma. Recomendo que você se concentre em uma seção por dia. Não avance rápido demais. Deixe que o

Espírito Santo incorpore profundamente essas verdades em seu espírito.

Terceiro, uma vez que você tenha dedicado tempo suficiente para permitir que o Espírito Santo reforce essas verdades, então estará pronto para avançar para o Capítulo 6, "Mantenha o Ritmo."

5.1. Prática

Praticar: fazer algo repetida vez para melhorar; realizar algo regularmente ou constantemente como parte ordinária da vida.

A primeira chave para liberar o poder do Espírito Santo em seu negócio é praticar.

Qualquer pessoa que já tenha praticado esportes competitivos entende a absoluta necessidade da prática. Atletas profissionais em qualquer esporte investem centenas, até milhares de horas em práticas sérias, suadas e intensas para se tornarem os melhores que podem ser.

No mundo dos negócios, programas profissionais de treinamento e desenvolvimento dedicam muito tempo à prática antes de liberar os funcionários para executar o treinamento no trabalho. Empresas de serviços profissionais investem grandes quantidades de tempo em práticas sobre como lidar com chamadas de clientes antes que os representantes de serviço atendam ao primeiro cliente real. Treinadores de vendas profissionais conduzem simulações de entrevistas para ensinar aos vendedores como ouvir e fechar potenciais clientes.

Em meu livro, "O Impactador: Uma Parábola sobre Liderança Transformacional", ensino que a confiança (fé em sua habilidade) vem da competência (profundidade de suas habilidades desenvolvidas ao longo do tempo). Quanto mais você pratica, mais competente se torna. Quanto mais competente você se torna, mais confiança tem em sua habilidade.

O mesmo é verdadeiro quando buscamos liberar o poder do Espírito Santo em nossos negócios.

Aqui estão três ótimas maneiras de praticar: identificar a testemunha, começar pequeno e ajustar detalhes.

Identificar a Testemunha

Seu pastor ou professor compartilha uma verdade poderosa e algo dentro de você diz: "Sim! Isso é bom! Isso está certo!" Você pode até mesmo dizê-lo em voz alta, como eu frequentemente faço!

Quando o Espírito Santo ouve uma verdade, Ele a confirma dentro de você. Seu espírito percebe essa verdade recém-falada.

Isso é sua testemunha interna.

O mesmo Espírito que testifica a você em um culto também está disponível para você no trabalho.

É crucial continuar praticando a sensação da sua testemunha interna, mesmo que você já esteja plenamente conectado ao Espírito Santo dentro de você.

Nunca podemos praticar demais a sensação da nossa testemunha interna!

Reflexione sobre os momentos no trabalho em que sua testemunha — aquele conhecimento interno — estava em total paz. Foi quando...

- Começou seu negócio?
- Lançou um projeto grande?
- Contratou mais pessoas?
- Mudou de subcontratados?
- Comprou um equipamento grande?
- Assinou aquele contrato?

- Desafiou um funcionário a se destacar e trabalhar ao máximo?
- Assinou contrato com um consultor ou coach?

Então, há momentos em que você pode olhar para trás e dizer: 'Eu sabia que não deveria ter...

- Começou seu negócio?
- Lançou aquele grande projeto!
- Contratou mais pessoas!
- Mudou de subcontratados!
- Comprou aquele equipamento!
- Assinou aquele contrato!
- Desafiou aquele funcionário a se destacar!
- Assinou com aquele consultor ou coach!!

Em todos esses casos, é altamente provável que o Espírito Santo já estivesse agindo dentro de você, exortando-o a tomar as decisões corretas e alertando-o para evitar as decisões erradas.

É necessário um esforço focado e intencional para identificar continuamente o testemunho. Se você não for intencional, sempre buscando o testemunho interno do Espírito Santo para confirmar boas decisões empresariais, rapidamente cairá novamente em todas as formas de ser guiado pelo mundo.

Quanto mais você praticar, mais fácil será identificar o testemunho.

Comece pequeno

Dá-nos hoje o nosso pão de cada dia.

—Mateus 6:11

Esta forma de praticar é excelente se você está começando a aprender a discernir a voz do Espírito Santo. Deixe-me dar um exemplo de como é fácil começar pequeno. Quando aprendi esse conceito de prática, comecei com coisas simples. Uma experiência se destacou bastante.

Costumo falar com empresas e grupos da igreja sobre nossa vantagem injusta. Um dos exemplos de prática mais populares e lembrados que compartilho é pedir uma refeição em um restaurante. Aqui está o que ensino.

Todos nós temos um restaurante favorito onde pedimos uma ou duas refeições preferidas. Da próxima vez que você for a esse restaurante, em vez de pedir o que sempre pede (um dos seus favoritos), pause, olhe o menu e pergunte ao Espírito Santo: 'O que VOCÊ sugere que eu peça?'

Por que sugiro que você pratique isso na próxima vez que for a um restaurante?

- O Espírito Santo já conhece suas refeições favoritas.
- Ele também conhece outras refeições no menu que você poderia gostar e talvez não saiba!
- Ele também pode evitar que você peça alimentos que são ruins, não saudáveis ou cheios de germes.

Recentemente, preguei uma mensagem na minha igreja local e usei esse exemplo de pedido em restaurante como uma forma simples de praticar ouvir Sua voz. No domingo seguinte, uma jovem que ouviu minha mensagem veio correndo até mim com um testemunho poderoso.

Ela me contou que tem um estômago muito sensível e que sua reação à maioria dos alimentos causa a ela uma dor física extrema e até dias de desconforto. Após ouvir minha mensagem, ela e seu marido foram ao restaurante favorito deles. Por que esse restaurante? Ela sabia que o menu incluía duas refeições que não causariam dor em seu estômago.

Mas desta vez, ela olhou para o menu e perguntou ao Espírito Santo: "Ok, vou praticar o que Jim ensinou hoje. Espírito Santo, o que devo pedir?"

Ela arriscou e confiou no Espírito Santo para essa decisão.

Quando ela chegou a este ponto de seu testemunho, seus olhos começaram a brilhar, um sorriso enorme apareceu em seu rosto e ela exclamou: "Eu pedi algo que nunca tinha feito antes e NÃO TIVE NENHUMA REAÇÃO RUIM! Agora EU SEI que posso ir a QUALQUER restaurante e o Espírito Santo me mostrará uma refeição boa e deliciosa. Você abriu um mundo inteiramente novo de opções de alimentação para mim!"

Ela estava emocionada.

É claro que não fui eu quem fez isso; foi ela confiando no Espírito Santo ao começar pequeno.

Então, como você pode começar pequeno em seu trabalho? Algumas maneiras incluem perguntar ao Espírito Santo:

- "Devo me encontrar com esta pessoa hoje ou em outro momento?"
- "Devo participar desta reunião?"
- "Devo ligar para este cliente?"
- "Devo adicionar este serviço ou produto ao nosso negócio?"
- "Devo fazer isso agora ou mais tarde?"
- "Devo chegar cedo amanhã ou ficar até tarde hoje à noite para terminar este projeto?"

Existem dezenas mais que poderíamos adicionar a esta lista básica, mas você entende a ideia. As possibilidades de começar pequeno são infinitas.

Eu o encorajo a começar com oportunidades pequenas e de baixo risco para praticar e ganhar confiança em identificar o testemunho dentro de você. Acredite em mim ... Ele ficará feliz por você buscá-Lo intencionalmente e se revelará mais e mais a você conforme você pratica.

Refinar

Here's the translation into Brazilian Portuguese:
Você está cercado por muito barulho espiritual. Satanás está tentando falar com você o tempo todo, bombardeando-o com ruídos incessantes e mensagens do mundo que ele controla.

À medida que você começa a praticar, você experimentará alguns sucessos ("pedir aquela refeição") e alguns fracassos. Muitas vezes aprendemos mais com nossos fracassos do que com nossos sucessos. Através da nossa prática, devemos aprender a refinar — isto é, aprender tanto ou mais com nossos sucessos quanto com nossos fracassos.

Fui guiado pelo Espírito Santo a compartilhar duas das histórias mais significativas da minha vida que me ajudaram a afinar meus ouvidos espirituais para discernir melhor a voz do Espírito Santo agindo em mim.

Primeiro, deixe-me compartilhar o grande sucesso. Você o está segurando em suas mãos!

Embora eu estivesse quase terminando de escrever o livro de seguimento da série O Impactador, eu encontrei uma barreira. No início, não tinha certeza se essa barreira era autoimposta ou ordenada pelo Espírito.

Rapidamente percebi que era o testemunho do Espírito e não da minha carne nem do diabo (prática).

Uma manhã, enquanto perguntava ao Espírito Santo o que eu deveria fazer, Ele me disse (não em voz audível, mas naquele conhecimento interior): "Escreva um livro para ensinar Meu povo nos negócios como Eu te ensinei a ouvir Minha voz."

Imediatamente, deixei de lado o livro que estava escrevendo e comecei a escrever Nosso Injusto Vantagem.

Enquanto escrevo este manuscrito sob a orientação do Espírito Santo, sem dúvida é o livro mais esperado de todos os meus 14 livros anteriores!

Sem dúvida, este tem sido o trabalho mais gratificante, divertido e importante da minha vida.

Somente através da prática anterior eu estava certo de que era de fato o Espírito. E imediatamente obedeci.

Agora, sobre o grande fracasso.

Alguns anos atrás, minha esposa e eu estávamos visitando nosso filho em sua escola cristã para meninos em outro estado. No último dia dessa visita, eu vesti uma das minhas preciosidades: uma nova camisa polo de basquete masculino do Campeonato Nacional da Universidade de Louisville, presenteada por minha irmã e meu irmão. Tendo crescido em uma pequena cidade ao sul de Louisville, Kentucky, e jogado basquete durante todo o ensino médio, sou um grande fã desse programa.

Já haviam se passado 18 anos desde que a Universidade de Louisville ganhou seu primeiro campeonato nacional, então essa camisa era especialmente divertida de usar.

Minutos antes de partirmos da escola de meninos, um dos amigos de nosso filho veio até nós e começamos a conversar. Esse rapaz magro e alto pulou de excitação ao ver minha camisa. Ele também era de Louisville e, como eu, era um grande fã da UL. Conversamos sobre os jogadores, o campeonato e como estávamos felizes por sermos novamente campeões nacionais.

De repente, ouvi uma voz dentro de mim — não uma voz audível, mas meu testemunho interior — que me dizia: "Dê a ele sua camisa!"

Minha primeira reação foi: "Certamente não pode ser a voz do Senhor. Por que Ele quereria que eu desse minha nova camisa favorita para um garoto que nem conheço?"

Enquanto o garoto se afastava, ouvi novamente: "Dê a ele sua camisa. Você tem muitas outras camisas limpas no porta-malas do seu carro."

A verdade é que hesitei, me despedi de nosso filho e parti... ainda usando a camisa preciosa.

Menos de cinco minutos depois, virei para minha esposa, Brenda, e contei a ela o que havia acontecido. Ela concordou rapidamente com o Espírito Santo que eu deveria ter dado a camisa ao rapaz.

No entanto, em vez de voltar atrás, dirigi de volta para nossa casa. Assim que chegamos em casa, lavei a camisa, enviei-a pelo correio para o garoto de Louisville e incluí um bilhete dizendo que minha obediência tardia estava errada. Disse a ele que me arrependi diante do Senhor, pedi que o garoto me perdoasse e orei para que a camisa o abençoasse.

Here's the continuation translated into Brazilian Portuguese:

Meu filho me contou depois que o garoto amava tanto a camisa que raramente a tirava.

Para mim, isso foi uma experiência marcante de "Eu sabia que deveria ter dado a camisa para ele". Como você, todos nós já tivemos muitas dessas experiências em nossas carreiras.

No meu fracasso, aprendi muitas lições valiosas, incluindo...

- Como reconhecer o conhecimento interno distinto e poderoso do Espírito Santo
- Agir imediatamente quando guiado
- Experimentar a bênção da obediência imediata em vez do peso da obediência tardia

Identifique seu testemunho. Comece pequeno. Em seguida, refine.

Isso requer prática — muita prática intencional.

Com o tempo, sua prática fortalecerá seus ouvidos espirituais para ouvir os sussurros do Espírito Santo falando mais claramente dentro de você.

Aqui está um plano de ação para ajudá-lo a começar com sua prática.

Plano de Ação para Praticar

Liste cinco decisões que você precisa tomar para o seu negócio. Responda às perguntas enquanto ouve a voz Dele para guiá-lo. Registre o que você aprender.

Decisão #1: _____

Como você começou a escutar?

Como você refinou isso?

O que você aprendeu?

Decisão #2: _____

Como você começou a escutar?

Como você refinou isso?

O que você aprendeu?

Decisão #3: _____

Como você começou a escutar?

Como você refinou isso?

O que você aprendeu?

Decisão #4: _____

Como você começou a escutar?

Como você refinou isso?

O que você aprendeu?

Decisão #5: _____

Como você começou a escutar?

Como você refinou isso?

O que você aprendeu?

5.2. Verifique antes de agir

> *"Checar" (n): uma parada repentina de um curso ou progresso avançado; uma pausa ou interrupção abrupta em uma progressão; o ato de testar ou verificar*

A segunda chave para liberar o poder do Espírito Santo em seu negócio é verificar antes de agir. Sempre me fascinou como as pessoas tomam decisões. O que influencia as pessoas a tomar as decisões que tomam? Como mensagens persuasivas e fatores ambientais impactam na tomada de decisão?

Ao longo dos meus estudos de pós-graduação em comunicação humana, concentrei-me nas variáveis interpessoais e psicológicas na tomada de decisão em pequenos grupos. Investi anos em estudos aprofundados e pesquisa sobre temas como...

- Busca por consenso
- Estilos de liderança e uso de poder em grupos
- Dinâmicas de comunicação não verbal
- Comunicação inter-racial e intercultural
- Pensamento de grupo (groupthink)
- Retórica de Aristóteles, incluindo os efeitos de ethos, pathos e logos
- O poder do raciocínio dedutivo, indutivo e analógico
- O impacto da apreensão na comunicação no processo de tomada de decisão em díades de resolução de problemas masculinas e femininas

Acredite ou não, esse último foi o foco tanto da minha tese de mestrado quanto da minha dissertação de doutorado. Ótimas leituras para quem tem insônia!

Com tantos anos de estudo dedicado, aprendendo com alguns dos maiores acadêmicos do mundo e com múltiplas publicações profissionais, agora olho para trás com uma conclusão predominante...

Uau, como eu estava completamente enganado!

Nos últimos 20 anos, pesquisei como o maior líder e tomador de decisões de todos os tempos, Jesus, tomava suas decisões. Será que o maior líder e mente empresarial de todos os tempos...

- Buscar consenso ou votação da maioria de seus discípulos?
- Refletir sobre as obras de Sócrates, Aristóteles ou Platão?
- Pensar profundamente sobre a dinâmica interpessoal de suas palavras?

- Formar grupos focais de clientes para descobrir tendências e preferências?
- Procurar especialistas de alto preço por sua sabedoria?

Não, Jesus tinha um processo de tomada de decisão completamente novo, inovador e nunca antes visto. Ele sempre, em todas as situações, consultava o Espírito de Deus antes de agir.

> Então Jesus respondeu e disse-lhes: "Em verdade, em verdade vos digo que o Filho não pode fazer nada por si mesmo, senão o que ele vê o Pai fazer; porque tudo o que o Pai faz, o Filho também faz da mesma maneira. Pois o Pai ama o Filho e lhe mostra todas as coisas que ele mesmo faz; e maiores obras do que estas lhe mostrará, para que vos maravilheis." (João 5:19-20)

Jesus consultava o Espírito de Deus Pai, o Espírito Santo!

> Porque eu não tenho falado por mim mesmo; mas o Pai, que me enviou, ele me deu mandamento sobre o que hei de dizer e sobre o que hei de falar. E sei que o seu mandamento é a vida eterna. Portanto, o que eu falo, falo-o como o Pai mo tem dito." (João 12:49-50)

> "Não crês tu que eu estou no Pai, e que o Pai está em mim? As palavras que eu vos digo não as digo de mim mesmo, mas o Pai, que está em mim, é quem faz as obras." (João 14:10)

Jesus sempre verificava interiormente antes de fazer ou dizer qualquer coisa.

Aqui estão três maneiras simples de ajudar a treinar-se em como verificar antes de agir: desacelerar, bloquear o exterior e fazer uma última verificação.

Desacelere

Já escutou algumas dessas frases de trabalho?

- ""São os rápidos que comem os lentos."
- "Mova-se rápido ou morra."
- "Isso é urgente."
- "Eu preciso disso feito ontem."
- "Acelera isso; não nos atrase."
- "Eles simplesmente não trabalham rápido o suficiente."
- "Não temos o dia todo."
- "Apresse-se!"

No nosso mundo empresarial, somos bombardeados todos os dias e todas as horas com tarefas ou decisões aparentemente críticas que precisam ser concluídas agora. Facilmente podemos nos reconciliar com a falsa crença de "Bem, isso é apenas negócio."

Muitas vezes, caí nessa mesma armadilha. Quando eu dirigia uma pequena empresa de construção residencial, a pressão para obter outro adiantamento financeiro do banco para pagar minha equipe de carpintaria me forçava a pular de casa em casa para completar a etapa mais rápida e obter o adiantamento bancário mais rápido. O dono da empresa nunca entendia por que eu pulava de forma aparentemente aleatória e desordenada, em vez de terminar uma casa e depois passar para outra.

Olhando para trás, eu estava totalmente guiado pelo dinheiro enquanto corria para obter o dinheiro do empréstimo de construção mais rápido. Mas, como eu tinha folha de pagamento de funcionários para pagar (incluindo a minha) e subcontratados para pagar, eu não sabia de outra maneira.

Eu gostaria agora que alguém tivesse me ensinado a desacelerar, assim como Jesus.

> Então os escribas e os fariseus trouxeram a Jesus uma mulher surpreendida em adultério. E, colocando-a no meio deles, disseram a Jesus: "Mestre, esta mulher foi surpreendida em flagrante adultério. Moisés, na lei, nos mandou apedrejar tais mulheres. E tu, que dizes?" Eles diziam isso para o testar, para que tivessem de que o acusar. Mas Jesus, inclinando-se para baixo, começou a escrever no chão com o dedo. E, como continuassem a interrogá-lo, ele se endireitou e lhes disse: "Aquele de vocês que estiver sem pecado seja o primeiro a atirar uma pedra contra ela." E, inclinando-se novamente, continuou a escrever no chão. Ao ouvirem isso, eles foram saindo, um por um, começando pelos mais velhos, até que Jesus ficou sozinho, com a mulher ainda em pé no meio deles. (João 8:3-9)

Eis o cenário. Líderes religiosos irromperam nos átrios do templo onde Jesus ensinava uma grande multidão, humilharam cruelmente uma mulher em público e exigiram, diante de todos, que Jesus desse uma resposta imediata à sua pergunta. Todos podiam ver que esses homens estavam completamente sérios, literalmente, pois carregavam pedras nas mãos, ameaçando matar a mulher ou possivelmente até Jesus.

Eles forçaram Jesus a um dilema de escolha: matá-la conforme a Lei ensina ou libertá-la e quebrar a Lei.

Então, como Jesus reagiu a essa situação de ameaça à vida?

Ele se ajoelhou e escreveu na terra... e não disse nada!

Isso enfureceu ainda mais os homens. Pode-se sentir a indignação deles quando novamente exigiram que Jesus respondesse à sua pergunta: "O que você diz? Matá-la ou libertá-la? Opção A ou Opção B? Responda-nos... AGORA!"

Como Jesus reagiu a essa segunda e ainda mais intensa situação de ameaça à vida?

Ele continuou a escrever na terra.

Quando Jesus se ajoelhou pela primeira vez, ele estava fazendo algo profundo e significativo. Ele estava se conectando internamente com o Espírito Santo, que habitava nele, buscando discernimento sobre como responder à situação crítica em que foi colocado. Ao escrever no chão e permanecer em silêncio, Jesus demonstrou uma pausa deliberada e reflexiva, permitindo que o Espírito Santo guiasse suas palavras e ações.

Ele não disse nada até estar completamente pronto para responder. Essa pausa não apenas aumentou a pressão sobre aqueles que o desafiavam, mas também demonstrou sua total dependência do Espírito de Deus para orientação em momentos cruciais.

A resposta que Jesus eventualmente deu, desafiando aqueles sem pecado a lançar a primeira pedra, foi claramente sobrenatural e transcendental. Não poderia ter sido concebida racionalmente, mas veio diretamente do Espírito Santo.

Essa lição nos mostra que, da mesma forma, podemos desacelerar e consultar nosso espírito em qualquer situação de negócios que enfrentemos, confiando no Espírito Santo para nos guiar com sabedoria e discernimento.

Bloqueie o exterior

Os homens que cercavam Jesus exigiam uma resposta imediata. A pressão deles vinha do exterior.

Se Jesus tivesse permitido que as pressões da situação o conduzissem, ele poderia ter tomado uma decisão rápida e terrível. Em vez disso, ele optou por ser guiado pelo interior, onde o Espírito reina.

Todos nós nos negócios já sentimos essa pressão. Todos nós fomos empurrados a fazer coisas como...

- Assinar um contrato antes da data limite
- Contratar alguém apenas para preencher uma vaga aberta, em vez de ajudar a expandir o negócio
- Dar muito lucro apenas para fechar um negócio
- Tomar uma decisão rápida em uma reunião apenas porque os outros esperavam isso de você
- Concordar em participar de uma reunião ou almoço quando não tinha o desejo, tempo ou recursos
- Montar uma proposta rápida e descuidada porque o cliente em potencial esperava isso imediatamente

Essa é a minha lista, maneiras pelas quais fui conduzido pela pressão e não bloquei o exterior. Talvez você consiga se identificar com algumas delas também.

Você pode estar se perguntando: "Então, Jim, você está nos dizendo para ignorar tudo o que vem de fora e apenas verificar internamente antes de tomar uma decisão de negócios?" Não, de jeito nenhum.

Deus nos deu uma mente com a capacidade de ler, pesquisar, analisar, refletir, buscar fatos, avaliar e investigar. Ele espera que usemos nossa inteligência humana, dada por Ele, da melhor maneira possível para entender tudo o que pudermos.

Mas, depois de ter feito tudo o que pode, antes de tomar a decisão final de agir, ouça novamente internamente, onde o Espírito de Deus habita.

Lembre-se, o Espírito Santo o orienta de dentro. O inimigo tenta pressioná-lo de fora!

Você sempre deve sobrepor as vozes externas que tentam pressioná-lo com o Espírito Santo, que o orienta.

Checagem Final

A última checagem geralmente é uma rápida verificação de que você ouviu corretamente o Espírito Santo. Não se trata de uma tentativa de adiar ou postergar a ação, mas um simples exorto para que se dedique um momento para uma última verificação interna.

No meu ministério empresarial, eu viajo por todo os Estados Unidos e às vezes internacionalmente para aconselhar, falar e trabalhar com líderes empresariais. Enquanto estou sentado no avião esperando para decolar, olho pela janela e frequentemente vejo um dos pilotos inspecionando lentamente o fuselagem, as asas e o trem de pouso da aeronave antes da decolagem. É tranquilizador para mim, como cliente, saber que o líder está dedicando tempo para fazer uma última verificação em alguns sistemas operacionais chave.

Mesmo que o voo saia alguns minutos atrasado devido à verificação de segurança do piloto, você acha que eu fico chateado? De jeito nenhum. Eu fico contente que a tripulação valorizou o suficiente a sua profissão para assegurar, tanto quanto possível, a operação segura do avião.

Recomendo a todos os meus parceiros no ministério empresarial que, antes de tomarem a próxima decisão importante, deixem de lado todos os seus dados, relatórios, papéis e notas e se retirem para um lugar tranquilo para perguntar ao Espírito o que fazer.

Tão frequentemente, esta última verificação:

- te tira do ambiente carregado de pressão
- te assegura da melhor decisão
- aumenta a confiança e clareza no seu espírito sobre a bondade da decisão.

Então, você pode seguir em frente e agir com uma sensação de paz em relação à decisão.

Plano de ação verifique antes de agir

A segunda chave para liberar o poder do Espírito Santo em seu negócio é verificar antes de agir, então ...

- Diminua a velocidade.
- Bloqueie o exterior.
- Faça uma última verificação.

Durante a próxima semana, integre esses três passos críticos ao seu processo de tomada de decisão. Em seguida, utilize este plano de ação para ajudar a esclarecer como você ativou "Verificar Antes de Agir" para cada decisão. Esta ação simples é algo que você pode usar sempre para aumentar sua confiança de que o Espírito Santo está guiando suas decisões.

Decisão #1: _____

Como você desacelerou?

Como você bloqueou o externo?

O quê a checagem final confirmou?

Decisão #2: _____

Como você desacelerou?

Como você bloqueou o externo?

O quê a checagem final confirmou?

Decisão #3: _____

Como você desacelerou?

Como você bloqueou o externo?

O quê a checagem final confirmou?

Decisão #4: _____

Como você desacelerou?

Como você bloqueou o externo?

O quê a checagem final confirmou?

Decisão #5: _____

Como você desacelerou?

Como você bloqueou o externo?

O quê a checagem final confirmou?

5.3. Procure uma Testemunha

Testemunha: atestado de um fato ou evento; alguém que possui conhecimento pessoal de algo

A terceira chave para liberar o poder do Espírito Santo em seu negócio é buscar uma testemunha.

Inúmeros casos criminais na América foram decididos com base no testemunho de apenas uma testemunha, alguém que estava na cena do crime e sabe o que aconteceu. Através do seu testemunho, eles são capazes de confirmar a verdade de sua experiência. Independentemente das evidências contrárias, o testemunho de uma testemunha pode facilmente superar as vozes de dezenas de especialistas não testemunhas.

O mesmo é verdadeiro com o seu espírito, sua única testemunha espiritual interna, todo-poderosa e conhecedora.

A Verdadeira Testemunha

Uma testemunha fiel não mente, mas uma testemunha falsa proferirá mentiras.

—Provérbios 14:5

Você já teve alguém te contar uma mentira no trabalho? Um funcionário? Um chefe? Um fornecedor? Um cliente? Claro que sim. Se você está no mundo dos negócios há mais de 24 horas, é provável que alguém já tenha te contado uma mentira pequena ou grande.

Mas como você soube que era uma mentira? O que te fez perceber que essa pessoa não estava sendo verdadeira? O que te ajudou a enxergar através da mentira?

A resposta é simples. Você já conhecia a verdade!

Seja através de números financeiros ou operacionais, histórico da transação, elementos ausentes de um relatório, ou até mesmo outra pessoa, algo dentro de você já tinha um senso da verdade. Foi fácil reconhecer um impostor.

Em muitos casos, foi o Espírito Santo, a verdadeira Testemunha que vive dentro de você, que confirmou a veracidade ou falsidade da declaração.

Às vezes, porém, todos nós somos enganados. Ouvimos algo e pensamos: "Hmm, não sei. Isso parece bom. É razoável. Talvez possa ser assim. Não tenho certeza, e eu odiaria acusá-los de algo e estar errado."

Quando somos enganados? Quando voltamos aos velhos hábitos de sermos conduzidos pela mente, por ideias ou sentimentos, em vez de sermos conduzidos pelo Espírito.

Então, como você pode distinguir entre o verdadeiro testemunho e o falso testemunho?

O verdadeiro testemunho te dá...

- Paz (Filipenses 4:7)
- Unidade (Efésios 4:3)
- Paciência (Gálatas 5:5)
- Força (Efésios 3:16)
- Insight (1 Coríntios 2:10, 13)
- Alegria (1 Tessalonicenses 1:6)
- Conforto (Atos 9:31)
- Fruto (Gálatas 5:22-23)

O falso testemunho te causa ...

- Turbulência
- Desconforto
- Ansiedade
- Fraqueza
- Confusão
- Medo
- Incerteza
- Estresse

Suas melhores decisões sempre contêm mais elementos da primeira lista do que da segunda lista.

Ao buscar uma testemunha sobre uma decisão, mantenha essas listas à mão para lembrar-se de como distinguir rapidamente entre o verdadeiro testemunho e o falso testemunho.

Lembre-se, o Espírito Santo o guiará em toda a verdade (João 16:13). Você só precisa buscar uma testemunha, a verdadeira testemunha do Espírito Santo.

Uma Testemunha é o suficiente

O próprio Espírito testifica com o nosso espírito que somos filhos de Deus.

—Romanos 8:16

Uma expressão comum no mundo dos negócios sobre liderança é: "É solitário no topo".

Como líder empresarial, você toma dezenas de decisões todos os dias. Quanto mais alta sua posição, maior o impacto de suas decisões na sua empresa. E muitas vezes, quanto maior a decisão, menos pessoas você tem liberdade para envolver na tomada de decisão.

Às vezes, é solitário no topo dos negócios.

E nunca é tão solitário quanto quando você está completamente sozinho em um problema.

Seja você no topo ou na base da hierarquia da empresa, você enfrenta momentos e decisões em que é a única pessoa de um lado da questão. Nestes momentos, você procura alguém para se juntar ao seu lado, para vir em seu socorro e para reafirmar sua posição.

Este é o momento perfeito para buscar o único verdadeiro testemunho — o Espírito Santo — porque Ele é suficiente.

É como um semáforo. Nos Estados Unidos, nossos semáforos têm três cores. Vermelho significa parar. Amarelo significa reduzir a velocidade e proceder com cautela. Verde significa avançar.

Em minha experiência, o Espírito Santo às vezes dá luz vermelha, às vezes luz amarela e às vezes luz verde.

Então, aqui está uma maneira de buscar um testemunho. Se você perceber...

- **Ansiedade ou incerteza** - Pare! Provavelmente é um sinal vermelho.

- **Nada** - Espere e continue buscando. Provavelmente é um sinal amarelo.

- **Paz e poder** - Vá em frente e VÁ AGORA! Você tem um sinal verde do Espírito Santo para agir!

Dois testemunhos são ainda melhores

Pareceu-nos bem, reunidos de comum acordo, enviar homens escolhidos a você junto com nossos amados Barnabé e Paulo.

—Atos 15:25

Pois pareceu bem ao Espírito Santo e a nós não impor a vocês maior encargo além destas coisas necessárias.

—Atos 15:28

No entanto, pareceu bom a Silas permanecer ali.

—Atos 15:34

O *Strong's Dictionary* Define testemunha como 'testificar conjuntamente, isto é, corroborar por evidência concorrente;

testificar a favor; dar testemunho conjunto'. Em cada um desses versículos acima, os crentes se uniram como co-testemunhas na mesma decisão. 'Pareceu bem ao Espírito Santo e a nós' é um exemplo perfeito do co-testemunho. O Espírito Santo disse a eles individualmente: 'Sim, essa é uma boa decisão', e então juntos concordaram com seus testemunhos internos.

Embora seu testemunho individual com o Espírito Santo seja certamente suficiente, um testemunho de dois ou mais crentes é ainda melhor!

Aqui está um exemplo do poder dos testemunhos conjuntos de duas pessoas.

Recentemente, eu me dirigi a um grande grupo de líderes cristãos de negócios como palestrante principal de encerramento em uma conferência regional. Compartilhei um resumo rápido dos princípios neste livro. Durante a mensagem, senti o Espírito Santo me incentivando a dedicar mais tempo a buscar um co-testemunho do que eu tinha originalmente preparado.

Três dias após a conferência, recebi um e-mail longo e detalhado de um dos participantes da conferência, um gigante dos negócios e membro fundador desta prestigiada organização cristã de negócios. Após um rápido resumo do problema, ele escreveu em seu e-mail...,

> No fim das contas, eu estava voltando para casa ontem à noite e lembrei-me da sua mensagem. Desliguei o rádio, perguntei verbalmente ao Espírito Santo o que deveria fazer nesta situação. Senti-me impressionado em ligar para minha assistente gerente de escritório e perguntar a ela o que ela achava sobre o assunto (ela é uma ótima pessoa, ama o Senhor, mas eu NUNCA fiz isso!).

Meu amigo continuou descrevendo como, juntos, tiveram um co-testemunho poderoso e rápido com uma ótima solução. Ele concluiu seu e-mail dizendo,

(Não é preciso dizer) Eu NUNCA teria encontrado essa solução por conta própria. Não sei quantas outras pessoas naquela reunião tiveram uma aplicação TÃO IMEDIATA dos princípios que você ensinou, mas eu certamente tive, e agradeço por você ter sido obediente ao Senhor e se esforçado para falar ao nosso grupo!

Este é um exemplo perfeito de buscar um co-testemunho. Você pode sentir a confiança e a alegria dele ao buscar o testemunho de um companheiro crente no trabalho.

Quando você tem uma equipe poderosa de co-testemunhas crentes trabalhando juntas, você pode superar qualquer problema ou situação para sua empresa.

No entanto, buscar um co-testemunho no trabalho nem sempre é fácil ou rápido. O desafio surge quando você procura um co-testemunho e suas decisões não se alinham — estão em lados opostos da questão. O que você deve fazer então?

Meu coach de estratégia de mídia social e website é um crente maravilhoso e cheio do Espírito Santo, além de ser autor best-seller. Ele conhece meu ministério empresarial tão bem ou melhor do que eu. Ele continua a me orientar e a me aconselhar em todos os meus esforços de marketing digital e posicionamento.

Naturalmente, em muitas ocasiões eu pergunto a ele: 'Aqui está o que estou pensando. Você tem um testemunho sobre isso?'

Frequentemente, ele confirma imediatamente o que estou sentindo. Às vezes, ele não o faz. Ele discorda e sugere algo diferente.

E agora, o que devo fazer?

Como ele conhece tão intimamente minha plataforma, meus objetivos e como Deus me chamou para cumprir meu chamado em Seu plano perfeito, volto novamente para buscar meu testemunho pessoal sobre a decisão.

Aprofundar meu relacionamento com o Espírito Santo só me aproxima de uma relação mais íntima e poderosa com Ele, não apenas para esta decisão, mas para toda a vida. Muitas vezes, leva apenas um curto período para que Sua decisão se firme em meu espírito.

No final, a decisão é minha. Faço o que sou guiado a fazer. E o tempo extra com o Senhor me dá força adicional, paz e comprometimento.

O engraçado é que, depois de implementar minha decisão, meu amigo frequentemente diz: 'Agora posso ver mais claramente por que você escolheu essa opção. Eu não tinha pensado nisso dessa perspectiva. Eu sei que vai funcionar para você.'

No final, eu obtenho o co-testemunho que inicialmente busquei. Apenas tive que dar um passo de fé em resposta ao meu testemunho pessoal.

A Maior Estratégia de Construção de Equipe

> Ei, Tom, posso pedir a sua ajuda? Estou prestes a tomar uma grande decisão sobre... Quero ter certeza de que estou ouvindo exatamente o que o Senhor quer que eu faça. Aqui está o que sinto que Ele está me dizendo... Você tem um testemunho sobre isso?

Imagine a reação empolgada de Tom, outro crente do grupo dos 2% na sua empresa.

Imagine como ele se sentiria honrado e emocionado por ser solicitado a ajudá-lo em uma questão tão importante.

Se Tom conhece o poder do co-testemunho, ele saberá o que fazer.

Basta pensar nas muitas vantagens, desde a construção de equipes até o convite a outros para serem seus co-testemunhas no trabalho. Buscar um co-testemunho com seus colegas...

- Constrói confiança nas suas decisões.
- Solidifica a fundação bíblica do seu negócio.

- Demonstra sua disposição para ouvir os corações e espíritos da sua equipe.

- Desenvolve músculo espiritual e discernimento em toda a sua empresa.

- Lembra os outros de fazer o mesmo em relação às suas decisões.

- Tranquiliza os outros mesmo em decisões com as quais eles não concordam.

Esta é a pergunta de construção de equipe mais poderosa de todas: "VOCÊ TEM UM TESTEMUNHO?"

Aplicação na Vida Pessoal

Há muito tempo, comecei uma nova abordagem para tomar decisões com minha esposa inteligente, linda e cheia do Espírito, Brenda.

Como a maioria dos maridos, eu costumava perguntar a ela ...

- "Como você SE SENTE sobre isso?"

- "O que você PENSA sobre isso?"

- "Qual é a sua OPINIÃO sobre isso?"

Agora, quando busco a opinião dela sobre uma grande decisão, eu só pergunto: 'Você tem um TESTEMUNHO sobre isso?'

Essa abordagem imediatamente muda sua contribuição para a tomada de decisão de ser guiada por sentimentos, pela mente ou por opinião para ser guiada apenas pelo Espírito.

Porque ela tem o mesmo Espírito Santo vivendo dentro dela como eu, agora estamos tomando decisões buscando um co-testemunho.

Os resultados são impressionantes. Ao mudar a estrutura da pergunta, agora caminhamos ainda mais poderosamente como um casal.

Plano de Ação para Buscar um Testemunho

Aqui está um plano de ação simples de quatro perguntas para buscar um testemunho. Responda-as na ordem.

Decisão #1 _____

Tenho um testemunho pessoal sobre esta decisão ou ação?

Preciso de um co-testemunho sobre isso?

Se sim, quem devo pedir para ser co-testemunha?

Ele/ela tem um testemunho sobre isso?

Minha decisão de testemunho é:

Decisão #2 _____

Tenho um testemunho pessoal sobre esta decisão ou ação?

Preciso de um co-testemunho sobre isso?

Se sim, quem devo pedir para ser co-testemunha?

Ele/ela tem um testemunho sobre isso?

Minha decisão de testemunho é:

Decisão #3 _____

Tenho um testemunho pessoal sobre esta decisão ou ação?

Preciso de um co-testemunho sobre isso?

Se sim, quem devo pedir para ser co-testemunha?

Ele/ela tem um testemunho sobre isso?

Minha decisão de testemunho é:

Decisão #4 _____

Tenho um testemunho pessoal sobre esta decisão ou ação?

Preciso de um co-testemunho sobre isso?

Se sim, quem devo pedir para ser co-testemunha?

Ele/ela tem um testemunho sobre isso?

Minha decisão de testemunho é:

Decisão #5 _____

Tenho um testemunho pessoal sobre esta decisão ou ação?

Preciso de um co-testemunho sobre isso?

Se sim, quem devo pedir para ser co-testemunha?

Ele/ela tem um testemunho sobre isso?

Minha decisão de testemunho é:

5.4. NÃO APAGUEIS O ESPÍRITO

Apagar (v): extinguir; pôr fim a algo

A quarta chave para liberar o poder do Espírito Santo no seu negócio é não apagar o espírito.

Eu era adolescente durante a Guerra do Vietnã. Todos os dias, durante anos, nos programas de notícias noturnas da televisão, ouvíamos o número de baixas daquele dia, o número de heróis confirmados que morreram pelo nosso país.

Um dos elementos mais dramáticos da guerra foi saber dos muitos homens que estavam sendo mantidos como prisioneiros de guerra no que foi chamado satiricamente de 'Hanoi Hilton', um grande complexo onde os soldados eram torturados sem piedade durante anos.

Por quase uma década, meu bom amigo, Dr. Steve Linnville, serviu em uma equipe fenomenal de especialistas médicos e psicológicos que estudam os efeitos mentais e físicos do cativeiro em prisioneiros de guerra do Vietnã, da Tempestade no Deserto e da Operação Liberdade do Iraque. Centenas desses heróis, tanto homens quanto mulheres, visitam frequentemente o Centro Robert E. Mitchell na Estação de Aviação Naval de Pensacola para extensas avaliações físicas e psicológicas.

Uma questão chave sendo investigada em sua pesquisa longitudinal é: 'Quais são as principais diferenças entre os soldados que sobreviveram anos de tortura horrenda e os soldados que não sobreviveram?'

Talvez o achado mais surpreendente de sua pesquisa até agora seja este: O otimismo é a característica mais importante na previsão da resiliência e da ausência de qualquer transtorno psicológico.

O maior contribuinte para essa resiliência é a fé. Para muitos, sua fé estava em Deus. Para outros, sua fé era em um futuro melhor.

Por que mencionar os achados de pesquisa sobre prisioneiros de guerra repatriados em um livro sobre como liberar o Espírito Santo nos negócios?

Primeiro, o Espírito Santo me levou a incluir isso.

Segundo, aqueles que sobreviveram após enfrentar minuto após minuto, hora após hora, dia após dia e ano após ano de tortura física e mental extrema fizeram isso porque não apagaram o espírito que vivia dentro deles.

Sim, muitos dos prisioneiros de guerra do Vietnã são crentes, e até mesmo as poucas histórias que ouvi sobre seu tratamento desumano fazem meus chamados desafios pessoais e profissionais parecerem insignificantes.

> Alegrem-se sempre, orem sem cessar, deem graças em todas as circunstâncias; pois esta é a vontade de Deus em Cristo Jesus para vocês. Não apaguem o Espírito. (1 Tessalonicenses 5:16–19)

Vamos admitir a verdade: é fácil apagar o Espírito.

Os domingos são os dias em que tradicionalmente nos reunimos em nossas casas de adoração, cantando canções, agradecendo a Deus por Seu Espírito e, às vezes, ouvindo mensagens e versículos bíblicos sobre os caminhos e maravilhas do Espírito Santo.

Oramos e dizemos amém enquanto sentimos algo se agitando por dentro, algo bom e algo que nos faz refletir profundamente sobre nossa caminhada espiritual pessoal com Deus.

Depois do serviço, sorrimos e apertamos as mãos dos nossos amigos, falamos sobre a ótima mensagem e música, brincamos sobre como fomos 'convencidos' e saímos pela porta a caminho de casa ou de um restaurante. Mal saímos do estacionamento da igreja e já deixamos para trás os ensinamentos, as mensagens, as escrituras e as inspirações dentro do prédio da igreja.

Será que é de se admirar que tantos de nós raramente vejam o poder do Espírito Santo se movendo em nosso trabalho?

É tão fácil deixar os ensinamentos, as impressões e as exortações dos nossos líderes espirituais nos bancos e corredores de um prédio designado para os Domingos.

Podemos tão facilmente apagar o Espírito de Deus.

Existem três maneiras comuns de apagarmos o Espírito: ignorando-O, sufocando-O e entristecendo-O.

1. Ignore Ele

Tendo olhos, vocês não veem? E tendo ouvidos, não ouvem? E não se lembram?

—Marcus 8:18

Ignorar Significa recusar-se a mostrar que você ouve ou vê e não fazer nada a respeito ou em resposta a algo ou alguém. Talvez a maneira mais fácil de apagar o Espírito Santo seja ignorá-Lo.

Durante meu tempo de contrato com um ex-cliente empresarial, o proprietário instruiu um vendedor a preparar um plano de implantação em toda a empresa sobre como implementar os princípios de liderança do meu livro, 'The Impacter'. Embora eu estivesse disponível e pronto para ajudar, fui envolvido no projeto apenas no final, depois que o plano já havia sido desenvolvido pelo vendedor.

O autor 'do livro' (eu) estava sentado na sala.

O autor 'do livro' estava disponível, pronto para ajudar, mas foi ignorado.

Lembre-se, o autor do Livro (a Bíblia) vive dentro de você. Ele está disposto e disponível a qualquer momento para guiar e direcionar você sobre como integrar Sua sabedoria perfeita na sua empresa.

Decida em seu coração nunca mais ignorar o Espírito Santo (João 14:26).

2. Sufoque Ele

Sufocar Significa cobrir algo para impedir que cresça ou se espalhe... tentar evitar que algo aconteça.

Às vezes, a resposta parece óbvia. É óbvio que precisamos de ...

- Investir nesse equipamento
- Participar desse evento comercial
- Entrar nesse novo programa de publicidade
- Demitir esse funcionário
- Assumir o controle desse problema

É fácil ser guiado pelo que parece ser óbvio.

Em Lucas 10:40, Marta estava freneticamente cozinhando uma refeição e interrompeu rude e abruptamente o ensino de Jesus na frente de uma casa cheia de convidados.

Ela tentou sufocar o Espírito ao interromper Jesus, insultar sua irmã e dizer a Jesus o que Ele deveria fazer. O que parecia óbvio para Marta (as pessoas precisam ser alimentadas agora) não era a coisa mais importante naquele momento (ouvir Jesus).

Todos ali, incluindo Marta, aprenderam que é muito mais importante focar nos ensinamentos de Jesus e não sufocar o Espírito Santo querendo se manifestar através deles.

Como podemos sufocar o Espírito Santo nos negócios? Quando...

- Todos os fatos dizem uma coisa, mas o Espírito Santo diz outra.
- Todos os especialistas dizem uma coisa, mas o Espírito Santo diz outra.
- Todos os seus funcionários dizem uma coisa, mas o Espírito Santo diz outra.
- Você se recusa a buscar um co-testemunho.
- Você ouve "Dê-lhe a sua camisa", mas rapidamente põe isso de lado.

Fique ciente de que o inimigo ama nada mais do que te empurrar para sufocar o Espírito Santo em seu negócio.

3. Lamente por Ele

E não entristeçais o Espírito Santo de Deus, no qual fostes selados para o dia da redenção.

—Efésios 4:30

Você já fez algo que sabia que estava errado, mas continuou fazendo mesmo assim?

Comer mais do que deveria na maioria das vezes? Ignorar seu cônjuge ou família no seu tempo livre fazendo apenas o que você quer fazer? Dizer aos seus filhos que está muito cansado para brincar com eles agora, mas para perguntar novamente amanhã?

Ou, no seu negócio, você já se convenceu de...

- Manter um funcionário que deveria ter saído há anos?
- Atrasar o pagamento aos seus fornecedores para melhorar o fluxo de caixa a curto prazo?
- Fingir não ver quando um funcionário importante trai a esposa ou quebra flagrantemente as políticas da empresa?
- Permitir que um cliente de longo prazo trate seus funcionários com grosseria ou desrespeito?

Entristecer Significa fazer alguém sentir tristeza ou infelicidade... causar sofrimento a ele ou a ela. Sim, você pode entristecer o Espírito Santo através do seu negócio. Você também pode entristecê-Lo através de insultos.

> De quanto maior castigo julgais vós será considerado digno aquele que pisar o Filho de Deus, e tiver por profano o sangue da aliança com que foi santificado, e ultrajar o Espírito da graça? (Hebreus 10:29)

Uma das maneiras mais fáceis que aprendi para ser mais sensível à forma como o Espírito é entristecido é estar mais consciente das vezes em que simplesmente balanço a cabeça em descrença por causa das ações de outra pessoa.

Quando estou focado em liberar o poder do Espírito Santo, pergunto a mim mesmo: 'Por que acabei de balançar a cabeça com isso?'

Na maioria dos casos, é uma reação razoável em resposta a alguém me cortando no trânsito, ficando alheio ao bloquear o corredor inteiro com o carrinho, etc.

No trabalho, você pode se pegar balançando a cabeça diante de coisas como...

- O que algumas pessoas dizem em reuniões
- Líderes que estão constantemente atrasados para suas próprias reuniões
- A falta de vontade de uma pessoa ou equipe em concluir uma tarefa atribuída
- Trabalho descuidado
- Cafeteiras vazias deixadas na sala de descanso pela última pessoa que encheu sua xícara

Eu intencionalmente me pergunto se essas ações estão entristecendo minha carne ou o Espírito dentro de mim.

Em muitos casos, é apenas minha carne. Por exemplo, pegue a cafeteira vazia. Eu me lembro que meu Salvador veio para servir e não para ser servido. Portanto, é uma bênção para os outros limpar o filtro, colocar água limpa e preparar uma nova e quente cafeteira para todos.

Este é um exemplo simples, mas muito comum, de como transformar um descontentamento da carne em uma bênção para os outros.

Se entristece minha carne, eu resolvo se puder e depois esqueço.

Se entristece meu espírito, eu reflito mais para entender a razão fundamental do meu sentimento. Eu pergunto ao Espírito Santo,

- "Por que você está entristecido com isso?"
- "O que você deseja que eu faça a respeito disso?"
- "Como posso evitar que isso aconteça no futuro?"
- "O que você precisa que eu aprenda sobre isso?"
- "O que você deseja que eu diga aos outros sobre isso?"
- "Isso é algo pelo qual preciso me arrepender? "

A última coisa que você precisa em seu negócio é um Espírito Santo entristecido dentro de você ou de outros.

Um Espírito Santo entristecido é uma indicação direta de que você ou alguém ao seu redor está fora do caminho e precisa de correção.

Plano de Ação: Não Apague o Espírito Santo

Refletir sobre seus problemas atuais de negócios, prioridades e pressões. Em relação ao Espírito Santo, onde você recentemente:

Ignorou Ele –

Sufocou Ele –

Entristeceu Ele

Dedique 10 minutos para orar sobre essas situações e pedir ao Espírito Santo que fale com você sobre elas. Escreva abaixo o que o Espírito está instruindo você a fazer. Entregue este plano de ação a um parceiro de responsabilidade (como seu cônjuge, colega, mentor espiritual, treinador, etc.). Peça ao seu parceiro de responsabilidade para buscar um co-testemunho com você sobre essas ações, orar com você e mantê-lo responsável pela implementação delas.

Ação 1:

Ação 2:

Ação 3:

Ação 4:

5.5. NÃO SEJA MOVIDO

Mover (v): começar a se afastar de algum ponto ou lugar; mudar de posição ou postura.

A quinta chave para liberar o poder do Espírito Santo em seu negócio é não ser movido.
Isso pode ser difícil de fazer. Por quê?

- Você praticou.
- Você consultou seu espírito antes de tomar a decisão final.
- Você tem um testemunho forte, seja sozinho ou com outros.
- Você decidiu em seu coração não entristecer o Espírito.

Este é o momento em que Satanás estará em modo de ataque total. Satanás fará de tudo para encher você de dúvidas, incertezas e ansiedade. Ele usará todo o seu arsenal e atacará ferozmente quando...

- Todas as contas simplesmente não fecham.
- A maioria está contra você.
- Os concorrentes estão fugindo enquanto você está entrando.
- O sucesso parece improvável na melhor das hipóteses.
- O bom senso diz que é uma decisão tola.
- Todo mundo está dizendo: "Não faça isso!"

Mas você tem a vantagem definitiva e injusta vivendo dentro de você. Neste ponto, o Espírito Santo já confirmou dentro de você que esta decisão é a vontade do Senhor para o seu negócio. Você sabe, sem sombra de dúvida, que esta decisão vem do Senhor.

A maneira mais rápida, fácil e eficaz de ver o poder do Espírito Santo em seu negócio (e em sua vida) é seguir as instruções que Maria deu aos servos logo antes de Jesus transformar água em vinho:

> Sua mãe disse aos serventes: 'Fazei tudo o que Ele vos disser.'" (João 2:5)

Apenas faça isso — seja lá o que Ele disser!

Aqui estão três maneiras poderosas de ajudá-lo a não ser movido: mantenha o foco, responda e permaneça firme.

1. Mantenha o foco

Irmãos, quanto a mim, não julgo que o haja alcançado; mas uma coisa faço, e é que, esquecendo-me das coisas que atrás ficam e avançando para as que estão adiante, prossigo para o alvo, pelo prêmio da soberana vocação de Deus em Cristo Jesus."

— Filipenses 3:13-14

Muitos empresários têm o que eu chamo de "Doença do Esquilo". Se você é um empreendedor típico, seu cérebro está sempre ativo, pensando, sonhando, prestando pouca atenção aos detalhes necessários para o sucesso. Para você, trata-se da nova ideia, da nova oportunidade, da abordagem fresca, do enorme potencial e do que há de mais recente e grandioso diante de você agora.

Estar ao seu redor é como uma panela de pipoca aberta, um fluxo contínuo de ação, ideias e conceitos que transbordam pelo local de trabalho, fazendo grandes bagunças por onde passa.

Como consultor de negócios guiado pelo Espírito, frequentemente ajudo os líderes a clarificar seus objetivos para maximizar seus pontos fortes, enquanto tornam suas fraquezas irrelevantes (como a Doença do Esquilo).

Por sua própria natureza, esses homens e mulheres maravilhosos, energéticos e inteligentes desejam desesperadamente ter sucesso nos negócios para a glória do Senhor. No entanto, eles não são naturalmente programados para manter o foco, então é um desafio profissional e espiritual mantê-los responsáveis e no alvo.

Eu sei que é um desafio para eles. Eles sabem que é um desafio para eles. E o inimigo também sabe que é um desafio para eles.

Por isso, neste momento, é tão crítico não se deixar mover, pois você sabe que esta decisão de agir...

- É do Senhor através da confirmação do Espírito Santo.
- É o que o Espírito Santo quer que você faça.
- É como o Espírito Santo deseja que você prossiga.

Embora o desafio seja grande, você pode manter o foco.

Assim fez Noé; conforme tudo o que Deus lhe ordenou, assim ele fez. (Gênesis 6:22)

Sabemos que Noé tinha 500 anos quando mencionado pela primeira vez na Bíblia (Gênesis 5:32) e 600 anos quando entrou na arca (Gênesis 7:6). Portanto, a construção dessa cidade flutuante pode ter levado sua família cerca de 100 anos ou mais.

Imagine...

- Mais de 100 anos de insultos e ridicularizações diárias da sociedade enquanto você trabalhava na obra do Senhor.
- Noites, semanas, meses e talvez anos de frustração, cansaço e ataques espirituais ao seu corpo, mente e Alma.
- Dezenas de pessoas incrédulas tentando incessantemente distraí-lo de sua missão e tarefa.
- Focando em um único objetivo por mais de 100 anos.

Assim como Noé, uma vez que você decide, você deve manter o foco. Sim, é possível fazer isso, e você pode conseguir.

2. Responda

Pois a palavra de Deus é viva e eficaz, mais cortante do que qualquer espada de dois gumes, penetrando até a divisão de alma e espírito, juntas e medulas, e é apta para discernir os pensamentos e intenções do coração.

—Hebreus 4:12

O Espírito impulsiona você ao sucesso. O inimigo deseja que você fracasse. Uma das melhores formas de extinguir os dardos inflamados do inimigo é responder a ele! Kyle Winkler escreve em *Silence Satan*,

> Acredito que quando a Palavra de Deus é falada pela boca daqueles em Cristo, ela contém o mesmo poder como se Deus mesmo a tivesse falado. As palavras devem manter a autoridade de Deus, senão não poderiam realizar nada. Afinal, são as palavras dele, não nossas.[1]

Winkler sugere que há três benefícios principais em falar a Palavra de Deus diretamente para o inimigo. Primeiro, falar as Escrituras renova a mente. A palavra falada é poderosa, e "esse mesmo poder que deu vida ao universo dará nova vida a você."

Segundo, faz o inimigo fugir. Winkler escreve: "O pai da mentira não tem poder quando a verdade do Pai está presente."

Terceiro, falar as Escrituras mantém Satanás em silêncio. Isso grita para ele: "Fique para trás, diabo! Estou armado com a verdade de Deus[2]

(Eu encorajo você a baixar o aplicativo incrível e gratuito do Kyle, Shut Up Devil!, disponível nas lojas de aplicativos da Apple e Android.)

3. Mantenha-se Firme

E agora, eis que, ligado eu pelo espírito, vou a Jerusalém, não sabendo o que ali me acontecerá, senão que o Espírito Santo, de cidade em cidade, me assegura que me esperam cadeias e tribulações. Mas de nada disso faço caso, nem considero a minha vida de valor algum para mim mesmo, contanto que eu complete a minha carreira e o ministério que recebi do Senhor Jesus, para testemunhar o evangelho da graça de Deus com alegria.

—Atos 20:22–25

O futuro parecia sombrio. Paulo estava voltando a Jerusalém, onde seria preso, iniciando sua última viagem a Roma e, ultimamente, sua morte. Muitos dos colegas de Paulo o avisaram para não ir a Jerusalém. O profeta Ágabo segurou o cinto de Paulo e profetizou,

Assim diz o Espírito Santo: Assim os judeus em Jerusalém atarão o homem a quem pertence este cinto, e o entregarão nas mãos dos gentios' (Atos 21:11)

No entanto, Paulo não se deixou deter. Estava claro para ele o que precisava fazer, o que o Senhor o chamara para fazer. E nada do que alguém dissesse ou fizesse o impediria de prosseguir na jornada. Ele permaneceu firme, até mesmo até a morte.

Seu testemunho público por Jesus nos negócios pode trazer perseguição, até mesmo até a morte. No entanto, mesmo que isso aconteça, o Senhor o chamou para isso. É seu dever fazê-lo sem questionar.

Agora é a hora de permanecer firme, descansar em Sua paz (Filipenses 4:6-7) e saber que os exércitos de anjos o protegem (Hebreus 1:14), a Palavra está em seu coração e em sua boca (1 Coríntios 2:4-5), e a vitória pertence ao Senhor (1 João 5:4)

Se a decisão for...

- Pequeno - permaneça firme!
- Grande - permaneça firme!
- Arriscado aos olhos do mundo - permaneça firme!
- Totalmente em seu testemunho pessoal - permaneça firme!

Assim como Paulo.

Mais uma coisa

Como mencionei anteriormente na Seção 4.5, 'Arme-se', quanto mais cedo você colocar toda a armadura de Deus, mais preparado estará para os ataques do inimigo.

Exorto você a sempre lembrar-se de mais uma coisa: permanecer firme enquanto veste toda a armadura de Deus (Efésios 6:10-20). Paulo mencionou 'permanecer' três vezes nestes versículos para que estejamos prontos para bloquear e destruir os ardis que o inimigo nos lança.

Ao permanecer firme coberto pela armadura completa, você não será movido!

Plano de Ação Não Seja Movido

Take time now to complete this action plan. Keep it handy.

1. Mantenha o Foco - Liste 3-5 coisas que facilmente distraem você de alcançar seus objetivos de negócios mais importantes.

Distração #1:

Distração #2:

Distração #3:

Distração #4:

Distração #5:

2. **Fique Focado** - Liste 3-5 coisas que facilmente o distraem de alcançar seus objetivos de negócios mais importantes. "

Versículo #1:

Versículo #2:

Versículo #3:

Versículo #4:

Versículo #5:

3. "**Permaneça Firme** - Em suas próprias palavras, crie 3-5 declarações pessoais de "Permaneça Firme" que você possa reivindicar e proclamar conforme necessário. Por exemplo, uma das minhas declarações de "Permaneça Firme" é simplesmente como

Paulo exclamou: 'Não serei movido!' Outra é 'Posso todas as coisas naquele que me fortalece'!"

Declaração #1:

Declaração #2:

Declaração #3:

Declaração #4:

Declaração #5:

4. Mais uma Coisa

> *Portanto, tomai toda a armadura de Deus, para que possais resistir no dia mau e, havendo feito tudo, permanecer firmes. Estai, pois, firmes, tendo cingidos os vossos lombos com a verdade, e vestida a couraça da justiça, e calçados os pés na preparação do evangelho da paz; além de tudo, tomando o escudo da fé, com o qual podereis apagar todos os dardos inflamados do maligno. Tomai também o capacete da salvação e a espada do Espírito, que é a palavra de Deus.*
>
> —Efésios 6:13–17

Escreva abaixo as seis peças da armadura de Deus. Decida em seu coração que, ao ir para o trabalho, você as declarará em voz alta para estar completamente armado e pronto para as batalhas empresariais que virão. Ao fazer isso, você avisa ao inimigo que ele não tem lugar nem poder sobre o seu negócio.

A Armadura Completa

1.

2.

3.

4.

5.

6.

5.6 ORE ORAÇÕES AUDAZES

> *Bold (adj): not afraid of danger or difficult situations; very confident in a way that may seem rude or foolish; showing or requiring a fearless daring spirit*

A sexta chave para liberar o poder do Espírito Santo em seu negócio é orar orações ousadas.

Josué estava vencendo batalha após batalha, derrotando todos os exércitos que Deus lhe ordenou enfrentar. Uma vez, Deus lhe disse para marchar a noite toda e se preparar para lutar contra cinco reis que estavam unindo forças. Mas, ao final do dia, a batalha não estava terminada. Então, Josué, desejando desesperadamente terminar a batalha com vitória completa, orou.

> Naquele tempo, Josué falou ao Senhor, no dia em que o Senhor entregou os amorreus nas mãos dos filhos de Israel, e disse na presença de Israel: 'Sol, detém-te em Gibeão, e tu, lua, no vale de Aijalom.' E o sol se deteve, e a lua parou, até que o povo se vingou de seus inimigos. Isso não está escrito no Livro de Jasar? O sol parou no meio do céu e não se apressou a pôr-se por quase um dia inteiro. (Josué 10:12-13 ESV)"

O exército de Josué derrotou seus inimigos através da resposta de Deus a uma poderosa oração de ousadia.

Ao longo dos anos, tem sido muito mais fácil para mim fazer orações ousadas por minha esposa, filho, família, amigos, pastor e igreja. Mas era desconfortável fazer isso pelo meu negócio.

Sempre orei pelo meu negócio. É fácil orar por mais contratos, clientes que paguem melhor, a recuperação de um funcionário desobediente ou até mesmo para que o Senhor ajude a descartar um processo ridículo movido contra mim e a empresa. E quem nunca orou para sair de uma grande confusão que criamos (provavelmente por não sermos guiados pelo Espírito desde o início)?

Não estou diminuindo a importância de orações simples e básicas para nossos negócios. O Senhor ouve as orações de todos os Seus filhos.

O que exorto você a fazer é mudar suas orações para uma marcha muito mais alta, uma que comece a liberar o favor sobrenatural de Deus sobre seu negócio!

> "Agora, Senhor, olha para as suas ameaças e concede aos teus servos que, com toda ousadia, falem a tua palavra, estendendo a tua mão para curar, e que se realizem sinais e maravilhas pelo nome do teu santo Servo Jesus." E quando oraram, o lugar onde estavam reunidos tremeu; todos ficaram cheios do Espírito Santo e falaram a palavra de Deus com ousadia. (Atos 4:29-31)

Esta é a primeira oração registrada dos novos apóstolos da igreja, apenas dias após o Pentecostes e minutos depois de terem sido ameaçados pelos líderes religiosos para cessar e desistir!

Enfrentando severas provações, espancamentos e até a morte, os primeiros apóstolos facilmente poderiam ter oferecido orações seguras, discretas e de 'apenas-nos-ajude-a-passar-por-essa-situação' e então, silenciosamente, seguido com seus negócios. Certamente não queremos ofender, chatear ou causar uma perturbação.

Eles poderiam ter tomado uma rota mais segura e fácil, mas escolheram seguir outro caminho. Escolheram mudar suas orações para uma marcha mais alta, mais cheia do Espírito.

Eles escolheram ir ousadamente diante do trono e pedir mais! Mais poder. Mais sinais e maravilhas. Mais OUSADIA!

A casa deles foi abalada. Sua confiança foi despertada. Sua fé aumentou.

E até hoje, continuamos a ver os resultados dessa oração ousada: o crescimento sobrenatural e o impacto eterno da Igreja ao redor do mundo!

Recentemente, comecei minha mudança além de orações seguras, normais e esperadas para um nível mais alto de orações profundas, dinâmicas e ousadas para o meu negócio. Há uma enorme diferença.

Então, como pode soar essa mudança? Aqui estão três exemplos.

> **Seguro:** 'Deus, me ajude a pagar a folha de pagamento este mês."
>
> **Ousado:** 'Deus, libere seus anjos ministradores para me trazer os $100,000 que você sabe que eu preciso para pagar a folha de pagamento e para reinvestir neste negócio para um novo crescimento, em nome de Jesus!"

Seguro: 'Deus, mostre-nos como aumentar nossas vendas em 20% este ano."

Ousado: 'Deus, abençoe-me grandemente com um aumento de duas vezes (ou cinco vezes ou dez vezes) em nossos negócios, em nome de Jesus!"

Seguro: 'Deus, ajude meu funcionário, Tony, a reparar seu casamento."

Ousado: 'Deus, eu Te agradeço por invadir sobrenaturalmente os corações de Tony e sua esposa para curar poderosamente e permanentemente seu casamento, em nome de Jesus!"

Agora, volte e leia apenas as orações ousadas e então pergunte a si mesmo:

- Quais orações você preferiria fazer pelo seu negócio?
- Quais orações você preferiria que seus funcionários fizessem pelo seu negócio?
- Quais orações você acha que Deus estaria mais inclinado a honrar??

Aqui estão três coisas que você precisa fazer para orar orações mais ousadas: *pedir, crer* e *esperar*.

1: Pedir

E Jabez invocou o Deus de Israel, dizendo: 'Ah, se me abençoasses de fato e alargasses o meu território, que a Tua mão estivesse comigo e que me guardasses do mal, para que eu não causasse dor!' E Deus lhe concedeu o que pediu.

—1 Crônicas 4:10

Bênção. Território. Poder. Proteção.

Estas são as quatro áreas que o homem justo, Jabez, pediu a Deus. Para muitas pessoas, essa oração parece egoísta. Para os 2% (profissionais de negócios guiados pelo Espírito), isso deve se tornar um modelo para nossas orações empresariais mais ousadas.

Em seu livro mais vendido, *A Oração de Jabez*, Bruce Wilkinson escreve,

> Se você está conduzindo seus negócios da maneira de Deus, não só é correto pedir mais, como Ele está esperando que você peça. Seu negócio é o território que Deus lhe confiou. Ele quer que você o aceite como uma oportunidade significativa para tocar vidas individuais, a comunidade empresarial e o mundo em geral para a Sua glória. Pedir a Ele para ampliar essa oportunidade só traz alegria a Ele.[3]

Imagine—Deus está esperando para que você peça mais!

Você já esperou seu filho pedir para levá-lo ao parque, para ensiná-lo a chutar uma bola de futebol, andar de bicicleta, dirigir uma moto ou um carro, ou até mesmo como propor casamento para aquela linda namorada?

Frequentemente, nossa resposta interna é: 'Finalmente!' Era seu desejo o tempo todo dar a eles o que pediram, mas você sabia que a melhor coisa a fazer era esperar até que eles pedissem.

É exatamente isso que Deus faz. Como diz o Dr. Wilkinson, 'Seu negócio é o território que Deus lhe confiou.' Então, é apenas justo que Ele esteja pronto e disposto a abençoar seus esforços de uma grande maneira.

Deus está esperando que você peça e peça grande. Seja ousado!

2: Aguardar

Então Deus lhe concedeu o que ele pediu.

—1 Crônicas 4:10b

Você percebeu isso? Como Deus respondeu ao pedido de Jabez? Eu passei muitos anos sem notar esse versículo. Agora, frequentemente me lembro de que é assim que Deus responde às orações justas e ousadas de crescimento sobre mim e sobre o negócio.

Como 2%os, tendemos a focar na ousadia extrema de Jabez — pedindo diretamente a Deus por mais negócios, um território maior, uma proteção mais forte e livramento dos possíveis ataques do inimigo — mas perdemos a importância da resposta de Deus.

Deus concedeu a Jabez o que ele pediu! Com minhas próprias palavras, Deus respondeu: 'Claro... aqui está o seu aumento. Fico feliz que você finalmente me pediu! "

Jesus e Tiago nos ensinaram a mesma coisa:

> Pedi, e dar-se-vos-á; buscai, e encontrareis; batei, e abrir-se-vos-á. Pois todo aquele que pede recebe; e o que busca encontra; e, àquele que bate, abrir-se-lhe-á. (Mateus 7:7-8)

> Cobiçais e nada tendes; matais e ambicionais e nada podeis alcançar; combatês e guerreais, e nada tendes, porque não pedis. (Tiago 4:2b)

Eu ensinarei mais sobre isso em futuros livros e vídeos. Por agora, entenda simplesmente que Jabez é descrito como um homem honrado e justo. É isso que o qualificou para o aumento sobrenatural e o favor de Deus.

Como 2%er, você herdou a justiça de Cristo (1 Coríntios 1:30). Aos olhos de Deus, você é tão justo quanto Jabez. Portanto, você pode esperar resultados sobrenaturais para o seu negócio em resposta às suas orações ousadas.

Não é suficiente apenas pedir. Você também deve esperar!

3: Acreditar

*Deleita-te também no Senhor, e Ele te concederá o que deseja
o teu coração. Confia no Senhor e faze o bem; habitarás na
terra, e te alimentaras em segurança.* —Salmos 37:4-5

Você deve ser ousado o suficiente para pedir.

Você deve ser ousado o suficiente para esperar o que pediu.

Finalmente, você também deve ser ousado o suficiente para acreditar que suas orações são dignas de serem respondidas.

É hora de todos os 2%ers—cada um de nós—acreditar que é nosso momento de transformar nosso mercado para Jesus.

É hora de aumentar nossas fronteiras!

É hora de testemunhar um crescimento sobrenatural!

É hora de mudar nossas orações para um nível muito mais alto de ousadia!

> Mas Jesus, olhando para eles, disse: 'Para os homens é impossível, mas para Deus todas as coisas são possíveis.' (Mateus 19:26)

Chegou a hora.

Uma Precaução

A única vez em que minhas orações nunca são atendidas é no campo de golfe." —Billy Graham

Eu realmente gosto de jogar. Assim como o evangelista Billy Graham. Então, para diversão, deixe-me ajudar meus colegas golfistas ao redor do mundo com esta oração ousada para o golfe:

Senhor, que todos os meus drives caiam na área do fairway, que todos os meus primeiros putts entrem no buraco e que todos os meus tiros descontrolados andem sobrenaturalmente sobre a água, assim como Jesus! Amém!

Plano de Ação para Orar Orações Ousadas

Escreva abaixo três áreas nas quais você sente que o Espírito Santo está te incentivando a orar de forma mais ousada pelo seu negócio. Anote qual seria a sua oração segura. Em seguida, após passar um tempo com o Espírito Santo, escreva o que Ele deseja que você ore.

Foco #1: _____

Seguro:

Ousado:

Foco #2: _____

Seguro:

Ousado:

Foco #3: _____

Seguro:

Ousado:

Este espaço de trabalho é reservado SOMENTE para meus colegas golfistas!

Foco do Golf: _____

Seguro:

Ousado:

Discussão em Grupo

Compartilhe suas decisões de "Prática". O que você aprendeu? Onde mais você pode praticar nesta próxima semana?

Compartilhe suas decisões de "Verifique Antes de Agir". O que você aprendeu?

Discuta seus planos de ação de "Buscar uma Testemunha". Quais foram seus desafios? Como os outros responderam? O que te surpreendeu ou agradou ao buscar uma testemunha?

Compartilhe uma situação recente de negócios na qual você pode ter apagado o Espírito Santo. Você percebeu isso na época? Como você saberá no futuro?

Discuta um de seus planos de ação de "Não Se Deixe Abalar". Por que isso pode ser tão difícil para os empresários?

Quais são 2–3 orações ousadas que você agora faz pelo seu negócio? O que você sente ao orá-las? Que hesitação você pode ter ao orá-las e como pode superá-la?

[1] Kyle Winkler, *Silence Satan: Shutting Down the Enemy's Attacks, Threats, Lies, and Accusations* (Lake Mary, FL: Passio, 2014), 161.

[2] Ibid., 165.

[3] Dr. Bruce H. Wilkinson, *The Prayer of Jabez: Breaking Through to the Blessed Life* (Sisters, OR: Multnomah Publishers, 2000), 31–32.

6

Continue

E não nos cansemos de fazer o bem, porque a seu tempo ceifaremos, se não houvermos desfalecido.

—Gálatas 6:9

PARA COMEÇAR ALGO É FÁCIL. MANTER ISSO... ESSA É A PARTE difícil.
Este capítulo oferece cinco áreas para ajudar você a manter seu impulso enquanto começa a liberar sua vantagem injusta nos negócios.

6.1. Lembre-se dos Benefícios

Benefício (s.m.): um resultado ou efeito bom ou útil; um ato de bondade; algo que promove o bem-estar

Vários anos atrás, fui diagnosticado com 'tendinose no ombro direito com osteoartrite na articulação acromioclavicular e pequena efusão articular'. O ponto é: meu ombro direito estava com dor severa! A dor era tão grande que eu não conseguia alcançar o lenço no bolso de trás das calças. À noite, enquanto tentava adormecer, parecia que uma estaca estava sendo cravada no meu braço direito.

Em nenhum momento eu conseguia estender o braço direito acima do ombro.

Quando o cirurgião ortopédico da mundialmente famosa Andrews Clinic em Gulf Breeze, Flórida, me instruiu a começar uma rotina de reabilitação e exercícios, foi muito fácil para mim ser convencido dos benefícios. Eu era uma bomba de dor ambulante, então qualquer coisa era melhor do que continuar sofrendo.

Passei duas semanas de fisioterapia leve e, em seguida, comecei uma rotina agressiva de fortalecimento em casa, supervisionada por um ex-treinador de futebol universitário e amigo próximo, John Saxon. Vi uma melhora rápida e dramática, ganhei força na parte superior do corpo e reduzi significativamente a dor.

Uma vez que entrei em uma rotina matinal de treinos cinco dias por semana, lembrar dos benefícios era óbvio. Pela primeira vez na minha vida, pude ver 'protuberâncias' (músculos) se formando nos meus bíceps e tríceps. Sempre tendo sido um cara de estrutura magra, agora com mais de 60 anos, estava ganhando um pouco de músculo de verdade.

Lembrar dos benefícios do treinamento? Fácil. Basta olhar os registros das minhas planilhas semanais de metas e medições e exercícios acelerados. O caderno está cheio dos benefícios do meu exercício. Além disso, agora me sinto muito mais forte, mais enérgico, mais focado e mais confiante. Ao lembrar e sentir os benefícios óbvios do treinamento, continuo indo em frente e crescendo.

O mesmo é verdadeiro para liberar sua vantagem competitiva injusta.

É Fácil Esquecer

> *Nossos pais no Egito não entenderam as Suas maravilhas; não se lembraram da multidão das Suas misericórdias.*
>
> —Salmo 106:7

É muito mais fácil lembrar todas as coisas ruins que acontecem no seu negócio do que lembrar as coisas boas. Sua vida empresarial cotidiana pode estar cheia de rotinas, rituais e desafios intermináveis, juntamente com frustrações que o forçam a se concentrar apenas nos problemas de hoje.

Tendemos naturalmente a lembrar mais das falhas e lutas do que das vitórias e triunfos. Já se perguntou quem traz essas falhas naturais à nossa lembrança? Não é o Espírito Santo... isso é certo!

Nosso principal inimigo nos negócios é Satanás, o príncipe deste mundo (Efésios 2:2), que deseja acima de tudo matar, roubar e destruir qualquer coisa boa (João 10:10) até mesmo em seu negócio. Ele especialmente mira profissionais sobrenaturalmente capacitados e cheios do Espírito, como você. Não é de se admirar que esquecemos tão facilmente os tempos abençoados quando o Espírito Santo se moveu dentro e ao redor dos nossos negócios.

Eu luto com isso assim como você. Aprendi que leva um esforço concentrado para eu parar, refletir e lembrar as muitas maneiras divinas, boas e santas pelas quais o Senhor me direcionou nos negócios através do Espírito Santo.

Rápido... escreva como você se lembra de uma vez que o Espírito Santo impactou seu negócio ou carreira:

10 anos atrás?

5 anos atrás?

Ano passado?

Esse ano?

Semana passada?

Ontem?

Isso é mais difícil de fazer do que deveria ser. Por quê? Nós muitas vezes lembramos mais das lutas do que das vitórias. Embora o Espírito Santo nos dê uma mente sã (2 Timóteo 1:7), ainda é muito fácil esquecer com que frequência o Senhor—através de Seu Espírito—nos guiou, protegeu e prosperou em nosso trabalho.

Aqui está uma maneira simples, mas poderosa, de manter seu novo ímpeto guiado pelo Espírito.

Seu top 10 de Benefícios

> *Mas estas coisas vos tenho dito, para que, quando chegar a hora, vos lembreis de que eu vo-las disse.*
>
> —João 16:4

Faça uma pausa de 10 minutos. Peça ao Espírito Santo para ajudá-lo a listar 10 benefícios de liberá-Lo em seu negócio.

Sua lista provavelmente será diferente da de qualquer outra pessoa. O Espírito Santo falará com você sobre seu papel único em sua empresa única, em seu ambiente único, com seus dons e talentos únicos. Pode incluir tudo, desde versículos bíblicos, palavras de encorajamento, ações, retornos mensuráveis e muito mais.

Os Dez Principais Benefícios de liberar o Espírito Santo em meu negócio incluem ...

1.

2.

3.

4.

5.

6.

7.

8.

9.

10.

Muito bem. Agora você precisa lembrar desta lista.

Desafio dos Benefícios de 30 Dias

> *Eu me lembrarei das obras do Senhor; certamente lembrarei das Suas maravilhas antigas.*
>
> —Salmos 77:11

Mantenha esta lista à mão pelos próximos 30 dias. Consulte-a pelo menos duas vezes ao dia.

Faça uma lista de lembretes no seu telefone. Escreva cada item em um cartão. Coloque o cartão em um local onde você o veja com frequência.

Ao ler e meditar sobre esta lista, você se lembra e se motiva a liberar o poder do Espírito Santo mais rapidamente para um impacto máximo em todo o seu negócio. Por quê? Porque Ele já fez isso por você no passado.

Poder dos benefícios

> *Você se lembrará do Senhor seu Deus, pois é Ele quem te dá poder para adquirir riqueza, para que Ele estabeleça a Sua aliança que jurou a seus pais, como é hoje.*
>
> —Deuteronômio 8:18

O Senhor te dá o poder para prosperar em seu negócio. Sua lista de benefícios servirá como um lembrete constante de que Seu Espírito está trabalhando através de você para derrotar seus inimigos e mover suas montanhas. Ela te lembrará de que Deus merece toda a glória.

6.2. Mantenha um Registro

Também me pareceu bem, tendo tido perfeito entendimento de todas as coisas desde o princípio, escrever-te uma exposição ordenada, ó excelentíssimo Teófilo, para que possas conhecer a certeza das coisas de que já estás informado.

—Lucas 1:3-4

Na seção anterior, "Lembre-se dos Benefícios", você olhou para o passado para se lembrar de como o Espírito Santo impactou você em seu negócio anteriormente.

"Manter um Registro" é voltado para o futuro. Aqui está como comecei a manter um registro dos benefícios de liberar o Espírito Santo em todo o meu negócio.

Meu Sistema de Três Diários

Meu sistema de registros inclui três diários de papel de 5"x8" com capa de couro: um diário de negócios, um diário espiritual e um diário de anotações de sermões.

Meu diário de negócios marrom inclui uma área aberta para anotações gerais de negócios, além de seções para meus clientes, ideias para livros e blogs e registros de impacto nos negócios.

Meu diário preto é meu diário pessoal de crescimento espiritual, onde registro insights diários do Espírito Santo, notas de estudo bíblico e anotações de sermões da minha igreja.

Meu terceiro diário, também preto, é dedicado exclusivamente a anotações de podcasts de sermões de grandes professores e pastores que admiro e dos quais aprendo. Essas anotações me fornecem uma lista atualizada de coisas que o Espírito Santo está me ensinando através dos ministérios de outros.

Para mim, esse sistema funciona. Enquanto trabalho, mantenho meu diário de negócios marrom sempre à mão. Quando vou aos cultos, levo meu diário espiritual pessoal. Quando ouço podcasts ou assisto a sermões na TV ou na internet, faço anotações no diário de sermões.

Semanalmente, reviso esses diários, destacando em amarelo revelações principais, palavras proféticas, insights, ideias e qualquer coisa que o Espírito Santo me urge a lembrar.

Um dos meus momentos favoritos é pegar esses diários e simplesmente ler os destaques em amarelo. Para mim, esse é o verdadeiro poder do meu sistema. É um relato ordenado de como o Espírito Santo está me guiando em muitas áreas da minha vida. Também me ajuda a lembrar os benefícios de continuar essa jornada.

No final das contas, todos esses diários e anotações ajudam a me edificar e exortar para níveis mais altos de impacto do Espírito Santo através do meu negócio. As notas dos sermões frequentemente se encaixam em um conceito de negócios que o Senhor me leva a compartilhar. As revelações que obtenho do meu tempo de oração e devocionais elevam meu espírito a um nível mais alto de conexão e insight. O diário de negócios me ajuda a alinhar meu espírito com o Espírito Dele para onde Ele deseja que eu vá.

Esse sistema de três diários pode ser demais para você, mas funciona para mim.

Aqui está uma grande ideia

Por que não perguntar ao Espírito Santo qual sistema de registro é o melhor para você? (Chave #1: Pratique!) Ele já sabe!

Seja qual for, apenas comece. Com o tempo, você refinará um sistema que funcione bem para você, que seja sustentável e que encoraje você a manter o curso. Esse é o objetivo. Comece e não pare!

À medida que você faz isso, olhará para trás e verá quantas vezes o Espírito Santo impactou seus empreendimentos de negócios, suas pessoas, seus clientes e muito mais.

Então, você continuará indo e indo e indo...

6.3. Nem todas as coisas espirituais são de Deus

Para tais são os falsos apóstolos, obreiros enganosos, que se transformam em apóstolos de Cristo. E não é de admirar, pois o próprio Satanás se transforma em anjo de luz.

—2 Coríntios 11:13–14

O Espírito Santo me levou a incluir esta nota de cautela: Nem tudo o que é espiritual vem de Deus.

Nosso inimigo é o pai da mentira, e nele não há verdade alguma (João 8:44–45). À medida que você se compromete a liberar o poder do Espírito Santo nos negócios, Satanás fará tudo o que puder para parar, atrasar, desencorajar e até destruir você.

Aqui estão três maneiras de manter o inimigo afastado.

1. Estude a Verdade

Nos Estados Unidos, os profissionais financeiros são ensinados a identificar uma nota falsa NÃO estudando falsificações, mas estudando EXTENSIVAMENTE as notas monetárias REAIS. Por que estudar apenas as notas verdadeiras? Assim, quando eles veem qualquer desvio do que conhecem como a verdade (nota verdadeira), eles conseguem imediatamente identificar a falsificação (nota falsa), e a enganação termina.

Estude a Palavra de Deus. Quanto melhor você conhecer a verdade d'Ele, mais fácil será discernir as mentiras e enganações do inimigo sobre o seu negócio.

2. Não Foque Somente no Sobrenatural

É fácil ficarmos empolgados ao ver o poder sobrenatural de Deus em ação nos negócios ou em nossas vidas. De fato, o Espírito Santo muitas vezes se move de maneiras sobrenaturais. No entanto, eu o cautivo para não se concentrar apenas nas manifestações sobrenaturais do Espírito Santo em ação.

O Espírito Santo pode, sem dúvida, manifestar-Se de maneiras sobrenaturais em seu ambiente de trabalho—sinais e maravilhas? Cura? Favor financeiro sobrenatural? Claro que pode.

Mas, na maioria das vezes, em minha experiência nos negócios, o Espírito Santo trabalha de maneiras mais sutis. Por exemplo, você pode notar um coração mais amável, menos tensões interpessoais, melhor trabalho em equipe, mais graça, amor e bondade, funcionários mais felizes e até mais sorrisos no escritório.

É fácil, ao aprender sobre o poder do Espírito Santo, se prender apenas à busca pelo sobrenatural (por exemplo, uma cura física, livramento espiritual da opressão do inimigo, etc.).

Como diz um pastor: "Não despreze o espiritual procurando pelo sobrenatural." Mantenha seus olhos, ouvidos e coração abertos para os movimentos sutis do Espírito Santo, pois eles são muito mais prováveis de ocorrer do que percebemos.

3. Está Alinhado?

Seja diligente para se apresentar a Deus aprovado, como um obreiro que não precisa se envergonhar, que maneja bem a palavra da verdade.

—2 Timóteo 2:15

Verifique cada coisa espiritual que você percebe ocorrendo em seu local de trabalho contra a Palavra de Deus e o testemunho do Espírito Santo.

Se o que você vê e percebe está alinhado com a Palavra e você tem um testemunho, é o Espírito Santo agindo.

Se o que você vê e percebe não está alinhado com a Palavra e você não tem um testemunho, é da carne ou do inimigo.

À medida que você desenvolve sua sensibilidade espiritual para os modos e trabalhos do Espírito Santo em seu local de trabalho, você aprenderá a distinguir rapidamente Seus caminhos dos caminhos do inimigo.

6.4. Mantenha-se Orientado

Um homem sábio ouvirá e aumentará o aprendizado, e um homem de entendimento alcançará conselho sábio.

—Provérbios 1:5

Aqui está meu encorajamento sincero para que você trabalhe com um consultor de negócios guiado pelo Espírito, mentor ou grupo de aliança. Qualquer um desses três seria bom. Trabalhar com todos os três seria fenomenal!

Uma coisa triste que aprendi ao longo de muitos anos de aconselhamento de negócios guiado pelo Espírito é que muitos poucos líderes empresariais estão abertos a serem orientados. Eles são muito orgulhosos, muito "ocupados" ou muito temerosos de serem responsabilizados.

No entanto, aqueles que buscam consultores de negócios experientes e guiados pelo Espírito com um espírito humilde e ensinável crescem a si mesmos e aos seus negócios muito mais rápido do que aqueles que não estão abertos a trabalhar com conselheiros.

Durante décadas, eu também estive sob a orientação de muitos profissionais guiados pelo Espírito, treinadores, mentores e grupos de responsabilidade. Em todos os casos, eles me exortam, encorajam e me empurram para me tornar um embaixador mais ousado, profético e impactante para Cristo no trabalho.

Eu pratico o que prego. Oro para que você também o faça.

Minha Fórmula de Responsabilização em 3 Etapas para Coaching

E Ele lhes disse: 'Quem tem ouvidos para ouvir, ouça."
—Marcos 4:9

Quero lhe dar uma das minhas fórmulas de coaching mais poderosas e simples, algo tão simples que muitos profissionais desdenham. No entanto, aqueles que adotam este modelo de 3 etapas experimentaram resultados transformacionais nos negócios em apenas 90 dias.

Após determinarmos seus objetivos específicos para os próximos 90 dias, desafio esses empresários a responder a estas três perguntas simples:

- What must you START doing to achieve the goals?
- What must you STOP doing to achieve the goals?
- What must you CONTINUE doing to achieve the goals?

Comece.
Pare.
Continue.

Então, meu papel como conselheiro se transforma em um parceiro de responsabilidade para verificar o progresso, ajustar e ajudar a orientar para seguir com seus objetivos até a conclusão.

Tente você mesmo.

Abaixo, anote entre 2 a 3 coisas que você precisa começar, parar ou continuar fazendo para liberar sua vantagem competitiva injusta no trabalho.

O que eu preciso COMEÇAR a fazer?

1.

2.

3.

O que eu preciso PARAR de fazer?

1.

2.

3.

O que eu preciso CONTINUAR fazendo?

1.

2.

3.

Compartilhe sua lista com outro 2%or. Peça a essa pessoa que crie sua própria lista. Em seguida, trabalhem juntos como parceiros de responsabilidade que encorajam, ajustam, fazem perguntas, celebram sucessos e mais.

Melhor ainda, busque um consultor remunerado pelo qual você pague pelos seus serviços profissionais guiados pelo Espírito. Quando você investe seu dinheiro em um consultor, é muito mais provável que siga seus compromissos e conselhos.

6.5. É TUDO SOBRE IMPACTO

"Portanto, ide e fazei discípulos de todas as nações, batizando-os em nome do Pai, e do Filho, e do Espírito Santo, ensinando-os a guardar todas as coisas que vos tenho mandado; e eis que estou convosco todos os dias, até a consumação do século." Amém.

—Mateus 28:19–20

No final, tudo se resume a discipular nações para Jesus. Nosso trabalho na terra será medido pela maneira como impactamos este planeta caído com o evangelho.

> E, estando reunido com eles, ordenou-lhes que não se ausentassem de Jerusalém, mas que esperassem a promessa do Pai, "a qual", disse ele, "vocês ouviram de mim; porque João na verdade batizou com água, mas vocês serão batizados com o Espírito Santo dentro de poucos dias." (Atos 1:4–5)

Você e eu temos essa promessa viva dentro de nós. É uma promessa que agora você pode liberar melhor em seu local de trabalho para o impacto final que todos desejamos, que é ouvir ...

> Muito bem, servo bom e fiel; foste fiel no pouco, sobre o muito te colocarei. Entra na alegria do teu senhor. (Mateus 25:21)

Eu oro para que este livro tenha ajudado você a dar um passo a mais em direção ao seu impacto eterno, ao liberar o poder do Espírito Santo em seu negócio.

Discussão de Grupo

Compartilhe sua lista dos "Dez Principais Benefícios" de liberar o poder do Espírito Santo em seu negócio. Quais benefícios das listas dos outros membros do grupo são úteis para você?

Qual é o seu plano atual para "Manter um Registro"? Como este grupo pode mantê-lo responsável por usá-lo?

Compartilhe suas listas de "Começar, Parar, Continuar". Compartilhe sua lista com um parceiro de responsabilidade e crie um cronograma/sistema de responsabilidade de 30 dias.

Como um coach de negócios ou espiritual poderia melhorar sua caminhada com o Espírito Santo?

Como você vai manter tudo o que aprendeu em sua nova caminhada espiritual e profissional?

A RESPOSTA PARA 1001 PERGUNTAS

A resposta para 1001 perguntas é... SER GUIADO!
—Pastor Keith Moore

VERSOS CHAVE

AQUI ESTSÃO VERSÍCULOS CHAVE QUE VOCÊ PRECISA LER E memorizar para ajudar a liberar sua vantagem competitiva injusta nos negócios. Mantenha-os à mão. Enterre essas palavras em seu coração.

> Pois todos os que são guiados pelo Espírito de Deus, esses são filhos de Deus.
>
> —Romanos 8:14

> O Espírito mesmo testemunha com o nosso espírito que somos filhos de Deus.
>
> —Romanos 8:16

> E eu rogarei ao Pai, e Ele vos dará outro Consolador, para que fique convosco para sempre—o Espírito da verdade, que o mundo não pode receber, porque não o vê nem o conhece; mas vós o conheceis, porque habita convosco e estará em vós.
>
> —João 14:16–17

Quando, porém, vier aquele, o Espírito da verdade, Ele vos guiará em toda a verdade; porque não falará de si mesmo, mas dirá tudo o que tiver ouvido; e vos anunciará as coisas que hão de vir.

—João 16:13

Mas o Meu servo Caleb, porquanto teve outro espírito e Me seguiu plenamente, eu o levarei à terra onde entrou, e a sua descendência a herdará.

—Números 14:24

Confia no Senhor de todo o teu coração e não te estribes no teu próprio entendimento; Reconhece-o em todos os teus caminhos, e Ele endireitará as tuas veredas.

—Provérbios 3:5–6

Alegrai-vos sempre, orai sem cessar, em tudo dai graças; porque esta é a vontade de Deus em Cristo Jesus para convosco. Não extingais o Espírito.

—1 Tessalonicenses 5:16–19

Mas em nada considero a minha vida preciosa para mim mesmo, contanto que complete a minha carreira com alegria e o ministério que recebi do Senhor Jesus, para dar testemunho do evangelho da graça de Deus.

—Atos 20:24

Não ameis o mundo, nem o que no mundo há. Se alguém ama o mundo, o amor do Pai não está nele. Porque tudo o que há no mundo—a concupiscência da carne, a concupiscência dos olhos e a soberba da vida—não é do Pai, mas é do mundo.

—1 João 2:15–16

A ele o porteiro abre, e as ovelhas ouvem a sua voz; e ele chama as suas ovelhas pelo nome e as guia para fora. E, quando tira para fora todas as suas ovelhas, vai adiante delas; e as ovelhas o seguem, porque conhecem a sua voz.

—João 10:3–4

Mas, como está escrito: "Nem olhos viram, nem ouvidos ouviram, nem jamais penetrou em coração de homem o que Deus preparou para aqueles que O amam." Mas Deus no-lo revelou pelo Seu Espírito. Porque o Espírito a todas as coisas perscruta, até mesmo as profundezas de Deus. Pois, qual dos homens sabe as coisas do homem, senão o espírito do homem que nele está? Assim também ninguém sabe as coisas de Deus, senão o Espírito de Deus.

—1 Coríntios 2:9–11

Agora, nós não recebemos o espírito do mundo, mas o Espírito que é de Deus, para que saibamos o que por Deus nos é dado gratuitamente.

—1 Coríntios 2:12

E não vos conformeis com este mundo, mas transformai-vos pela renovação do vosso entendimento, para que experimenteis qual seja a boa, agradável e perfeita vontade de Deus.

—Romanos 12:2

E tudo o que fizerdes, fazei-o de coração, como ao Senhor e não aos homens, sabendo que recebereis do Senhor a recompensa da herança; porque a Cristo Senhor servis.

—Colossenses 3:23–24

Pois pareceu bem ao Espírito Santo e a nós não vos sobrecarregar com outro encargo, senão com estas coisas necessárias.

—Atos 15:28

Pedi, e dar-se-vos-á; buscai, e encontrareis; batei, e abrir-se-vos-á.

—Mateus 7:7

E não entristeçais o Espírito Santo de Deus, no qual estais selados para o dia da redenção.

—Efésios 4:30

Sua mãe disse aos serventes: "Fazei tudo o que Ele vos disser."

—João 2:5

VERSOS CHAVE

E Jabez invocou o Deus de Israel, dizendo: "Oh, que me abençoasses realmente e alargasses o meu território, e que a Tua mão estivesse comigo, e que me livrasses do mal, para que eu não cause dor!" E Deus lhe concedeu o que havia pedido.

—1 Crônicas 4:10

E não nos cansemos de fazer o bem, porque a seu tempo ceifaremos, se não houvermos desfalecido.

—Gálatas 6:9

Um convite

AGORA QUE VOCÊ VIAJOU PELO *Nossa vantagem injusta*, UMA verdade que deveria estar explodindo em seu coração agora é a bondade de Deus—o quanto Ele se importa com os detalhes da sua vida e Seu desejo de prosperar radicalmente tudo o que você faz. Não importa qual montanha de influência Ele tenha projetado para você escalar, Ele quer estar com você como Protetor, Guia, Mestre, Amigo e Pai. Por quê? Porque Ele ama você e tem um plano maravilhoso para a sua vida.

Então, qual é o convite? Quero convidá-lo para um relacionamento pessoal com Deus através de Seu Filho, Jesus Cristo.

Embora este livro tenha sido escrito para aqueles que já estão em um relacionamento com Jesus, talvez você esteja lendo isso e não tenha um relacionamento com Jesus. Você conhece sobre Deus, mas nunca sentiu Seu amor por você ou conheceu Seu plano para a sua vida.

Tudo o que Deus tem a oferecer está disponível através de um relacionamento com Jesus. Sabemos disso pela Bíblia em João 3:16: "Porque Deus amou o mundo de tal maneira que deu o Seu Filho unigênito, para que todo aquele que Nele crê não pereça, mas tenha a vida eterna."

O plano de Deus é que você experimente a Sua vida abundante. Jesus deixou isso claro quando disse aos Seus seguidores: "Eu vim para que tenham vida, e a tenham com abundância" (João 10:10).

Você pode estar pensando: "Mas eu não estou experimentando nada que pareça vida abundante... pelo menos não por dentro." Isso é porque "todos pecaram e carecem da glória de Deus" (Rom. 3:23). Fomos feitos para um relacionamento com Deus, para conhecer a Sua vida e amor, mas nosso perdão retido, amargura, rebeldia ou indiferença é o que Deus chama de pecado, e isso nos separa dEle assim como nos separa das outras pessoas em nossas vidas.

A Bíblia diz que nosso pecado merece a pena de morte, mas a Boa Nova é que Jesus pagou essa pena por nós — por você! "Deus demonstra o Seu próprio amor para conosco, em que, sendo nós ainda pecadores, Cristo morreu por nós" (Rom. 5:8). A Bíblia declara que Jesus morreu em uma cruz romana, foi enterrado em um túmulo e depois ressuscitou três dias depois. Quando Ele fez isso, Ele não apenas pagou pelo nosso pecado, mas derrotou a morte. É por isso que Ele pôde dizer aos Seus seguidores: "Eu sou o caminho, a verdade e a vida; ninguém vem ao Pai senão por Mim" (João 14:6).

Mais do que qualquer coisa, assim como um bom pai gosta de estar perto de seus filhos, seu Pai celestial anseia por um relacionamento íntimo com você. Se você nunca experimentou o amor de Deus, pode experimentá-lo agora mesmo! Se você crer em Jesus Cristo, que Ele morreu e foi ressuscitado para resgatar você do seu pecado, você será resgatado. Na verdade, Jesus disse que você será "nascido de novo", o que significa que você nasce em uma nova família como filho de Deus. João 1:12 diz: "Mas a todos quantos O receberam [falando sobre Jesus], deu-lhes o poder de serem feitos filhos de Deus, a saber, aos que crêem no Seu nome."

Se você deseja receber a vida de Jesus por dentro e ser "nascido de novo" como filho de Deus, é simples. Deus sabe onde você está, e Ele não está tão preocupado com suas palavras quanto com seu coração. Você pode clamar a Ele com suas próprias palavras, e Ele ouvirá você.

Se precisar de ajuda, aqui está uma oração simples para guiá-lo:

> Jesus, eu preciso de Você. Eu creio que Você morreu na cruz pelos meus pecados. Eu abro meu coração e recebo Você como meu Salvador e Senhor. Obrigado por perdoar meus pecados e me dar a vida eterna. Eu entrego o controle da minha vida. Venha e assente no

trono do meu coração e faça o que Você deseja fazer com minha vida. Faça-me ser o tipo de pessoa que Você quer que eu seja.

Se você acreditou em Jesus Cristo e O convidou para ser seu Salvador e Senhor, então você entrou em um novo e empolgante relacionamento com Deus! Queremos celebrar com você. Por favor, envie um e-mail para hello@DrJimHarris.com para que possamos nos alegrar com você na sua nova vida!

—**Ben Watts**, Pastor e Professor apostólico

Sobre o Dr. Jim Harris

D R. JIM ATUA COMO PROFESSOR, APRESENTADOR DE TV E consultore guiado pelo espírito para líderes de negócios, governo e ministério ao redor do mundo.

Antes de escrever *Nossa vantagem injusta*, Dr. Jim aconselhou muitas das empresas mais bem administradas do mundo, incluindo Walmart, IBM, Best Buy, State Farm (EUA e Canadá), Johnson & Johnson, Ford Motors, Outokumpu Oy (Finlândia), Nature's Way Foods (Inglaterra) e muitas outras.

Hoje, Dr. Jim apresenta The Unfair Advantage Show, onde, através de estudos de caso, entrevistas e ensinamentos profundos, você aprende como liberar todo o poder do Espírito Santo em seu negócio. Assista ou ouça o programa em JCCEOS.TV, seus canais de mídia ou em qualquer plataforma principal de podcasts.

A paixão principal de Dr. Jim é ensinar líderes empresariais a integrar revelações do Reino em suas empresas para receber um aumento de 30%, 60% e até mesmo de 100% em seus negócios, tudo direcionado ao financiamento da colheita final de almas para Jesus.

Entre em contato e siga Dr. Jim:

- E-mail: Hello@DrJimHarris.com
- Web: www.DrJimHarris.com
- LinkedIn: www.linkedin.com/in/drjimharris
- YouTube: @drjimharris
- Twitter/X: @drjimharris
- Facebook: @drjimharris
- Instagram: @drjimharris

Para comprar cópias de *Nossa vantagem injusta* em grande quantidade, entre em contato com a High Bridge Books através de www.HighBridgeBooks.com/contact.

www.ingramcontent.com/pod-product-compliance
Lightning Source LLC
Chambersburg PA
CBHW022108090426
42743CB00008B/757